Fr. von Saldenhofen

**Ausgewähltes über das auserwählte Volk**

neuer Beitrag zur Klärung der Judenfrage

Fr. von Saldenhofen

**Ausgewähltes über das auserwählte Volk**
*neuer Beitrag zur Klärung der Judenfrage*

ISBN/EAN: 9783743601710

Hergestellt in Europa, USA, Kanada, Australien, Japan

Cover: Foto ©ninafisch / pixelio.de

Manufactured and distributed by brebook publishing software (www.brebook.com)

Fr. von Saldenhofen

**Ausgewähltes über das auserwählte Volk**

# Ausgewähltes
## über das
# „Auserwählte Volk".

---

Neuer Beitrag

zur

## Klärung und Lösung der Judenfrage.

Von

### Fr. v. Saldenhofen.

Motto:
„Wenn der Verarmung nicht abgeholfen wird, wenn die Zahl der Dürftigen noch mehr überhand nimmt, so wird gar bald die Sicherheit aller jener Verhältnisse, auf denen der Erfolg unseres Fleißes beruht, mehr oder weniger unmittelbar gefährdet werden."

Schleiermacher.

Würzburg.
Ellinger'sche Verlagshandlung.
1892.

# Inhalt.

|  |  | Seite |
|---|---|---|
| I. | Was wir wollen | 3 |
| II. | Die Juden von Außen | 8 |
| III. | Die Juden von Innen | 14 |
| IV. | Das Alte Testament kein Bindeglied zwischen Christen und Juden | 18 |
| V. | Das jüdische Gesetzbuch | 24 |
| VI. | Naturgeschichtliche Aphorismen | 29 |
| VII. | Judenreine Christenschulen | 31 |
| VIII. | Alter und neuer Abel | 36 |
| IX. | Die Juden als Ärzte | 41 |
| X. | Die Judenschutztruppe | 49 |
| XI. | Die „dummen Christen" | 53 |
| XII. | Die obligatorische Civilehe | 58 |
| XIII. | Liberalismus und Socialismus | 63 |
| XIV. | Eine alte Geschichte | 70 |
| XV. | Schlußwort | 76 |

# I.
## Was wir wollen.

Am 1. Jänner 1886 brachte die Feder eines gewiegten öster=
reichischen Publicisten folgende Neujahrsbetrachtung: „In vielen Staaten
Europas ist die gesammte staatliche Macht dem sogenannten Liberalismus
überlassen. Verwaltung, Gesetzgebung, Justiz, Finanz, innere und äußere
Politik, gehorchen seinen Inspirationen. Die ganze Kraft der Völker, ihr
Schweiß und ihr Blut sind ihm dienstbar gemacht; seufzend und weh=
klagend zieht der eine Theil derselben seinen Triumphwagen, wirft sich
der andere in blödem Wahnsinn des Fanatismus als Opfer unter seine
zermalmenden Räder. Alles was die geistige Arbeit seit mehr als einem
Jahrtausend aufgebaut, alle geistigen Geschenke und Güter der Ver=
gangenheit: Glaube, Recht und Freiheit, werden dem ekelhaften Götzen
sammt aller irdischen Habe, sammt dem Frieden, dem Wohlstande, der
Zufriedenheit dargebracht. Wo gibt es eine menschliche Stimme, die
beredt genug wäre, eindringlich, lautschallend diesem Wahnsinn zu steuern?
Vergebens läßt die Kirche die Predigt begeisterter Priester von der Kanzel
ertönen, um — geht auch das Irdische verloren — doch den ewigen
Theil zu retten. Der laute Markt des Tages überschreit sie, eine freche
Presse fremden Stammes und Glaubens verhöhnt sie; sie haben von
Glück zu sagen, wenn nicht die Diener der staatlichen „Ordnung" sie
vor die Gerichte schleppen. Vergebens mahnen, bitten, protestiren in
den parlamentarischen Versammlungen opferfrohe, vaterlandstreue Redner
für das Recht und die wahre Freiheit des Volkes — sie reden ungehört
oder werden verspottet, gemaßregelt, niedergestimmt!"

Kaum minder treffend sagt in gebundener Rede Franz Dingelstedt
in seinen „Liedern eines kosmopolitischen Nachtwächters":

Sie sind dahin, die einst so schönen Tage,
Das Blättlein hat schon leise sich gewandt,
Der Jude ringt uns unter ew'ger Klage
Listig das Heft aus ungeschickter Hand.

Emancipirt! Wie Ihr es einst verammelt,
Dies zähe Volk — die Mode wechselt ja! —
Es hat schon längst zu Haufen sich gesammelt
Und steht als M a c h t Euch gegenüber da.

Den Landmann drängt es hart aus seinem Sitze,
Den Krämer scheucht es von dem Markte fort,
Und halb um Geld und halb mit f r e ch e m  W i tz e
Kauft es dem Zeitgeist ab sein Losungswort.

Was kann dem Stamm Emancipiren frommen,
Der nie vom S ch a ch e r sich emancipirt?
Was Ihr ihm schenken wollt, hat er sich selbst genommen,
Dieweil Ihr um Principien disputirt.

Wohin Ihr faßt, Ihr werdet Juden fassen
Allüberall, das „Lieblingsvolk des Herrn".
Geht, sperrt sie wieder in die alten Gassen,
Eh' sie Euch in ein Christenviertel sperr'n!

Wohl haben wir seither, durch den übermäßigen Druck der uns aufgezwungenen Fesseln aus zeitweiliger Betäubung aufgerüttelt und zur äußersten, gesetzlichen Notwehr gedrängt, gar mühsam erkämpfte, erhebliche Fortschritte auf dem Boden der Christen=Emancipation vom verderblichen Joche jüdischer Uebermacht zu verzeichnen; jedoch das Ziel, welches wir zum Heile unserer christlichen und nationalen Gesinnung erreichen wollen und erreichen werden, liegt gleichwohl noch ferne.

Wenn wir aber für das Wohl unseres angestammten Vaterlandes, für die Unverletzlichkeit der allgemeinen christlichen Cultur eintreten wollen, dann müssen wir das schädigende Uebel an der Wurzel fassen und zunächst uns selbst zum Kampfe würdig vorbereiten. Es genügt nicht, wenn Eingeweihte wohl wissen, daß, wie die Freimaurerlogen die uncontrolirbaren Actions=Comités der Alliance israélite bilden, so der einst vielgepriesene „Liberalismus" ausschließlich nur mehr den wüsten Tummelplatz für das culturfeindliche und eigennützige Treiben der Juden und ihres Anhangs abgibt. Ist es ja doch diesen durch die weitreichende Macht einer lügnerischen und entsittlichenden Presse gelungen, die große Masse des Volkes über die stets wachsende Gefahr schändlichster Ausbeutung auf geistigem und materiellem Gebiete hinwegzutäuschen! Wenn Mahnungen und Warnungen nicht immer nützen, so hat dies aber seinen

Hauptgrund darin, daß ein großer Theil der so ernstlich Bedrohten über die Natur der Gefahr selbst noch viel zu wenig unterrichtet ist.

Für eine grundhältige, bündige Aufklärung über die Gemeingefährlichkeit und Gemeinschädlichkeit des Judeneinflusses auf socialem, wirthschaftlichem und politischem Gebiete zu sorgen, ist die unabweislich nothwendige Vorbereitung für eine erfolgreiche Abwehr. Befreien wir uns daher zuerst von den schmachvollen Fesseln, die man uns heimtückisch aufgeschmeichelt oder schonungslos aufgezwungen hat, befolgen wir eine selbstbewußte, aber neidlose, aufrichtig versöhnende Politik statt jener Staatskunst beständiger Aufreizung und Wassertrübung, welche dem fischenden Speculantenthume so sehr frommt; verweisen wir durch einmüthiges Zusammenstehen aller Christen bei allen Wahlen die fremden Eindringlinge aus den Vertretungskörpern, wo sie Gesetze und Einrichtungen für ihre Stammesvortheile geschaffen haben; stehen wir ein für wirkliche, gründliche Bildung auf fester, christlicher Grundlage, aber nicht für ein Blendwerk oberflächlicher Vielwisserei und vorlauter Halbbildung.

So wollen wir in gewisser Beziehung auch vollkommen zugeben, daß die „Staatsmoral" mit der Moral im engeren Sinne, nämlich mit jener christlichen Glaubens leider nicht ganz übereinstimmt; denn der Staat hält sich für berechtigt, in erster Linie nach den Erfordernissen der Nothwendigkeit und Nützlichkeit (Opportunität) vorzugehen und auf diesen sind auch die Gesetze aufgebaut. Während die christliche Moral bald durch zwei Jahrtausende unverändert dieselbe geblieben ist, so ändern sich die Gesetze und werden geändert je nach den Bedürfnissen der maßgebenden, socialen Strömungen. Jede Regierung ist dabei aber verpflichtet, betreffs Feststellung der Erfordernisse der Nothwendigkeit und Nützlichkeit sich die Bedürfnisse und das Wohl der großen Menge, des einheimischen, erbgesessenen Volkes vor Augen zu halten und nicht die besonderen, eigennützigen Wünsche einer kleinen, schmarotzenden, fremden Kaste; denn wer berufen ist, Einrichtungen zu schaffen, in denen die Menge leben soll, der muß der Menge und nicht den Einzelnen das Maß nehmen. Eine Gleichberechtigung im Staate, welche jedem Einzelnen die Gewährung seiner persönlichen Wünsche verbürgen soll, ist gleich der Willkürherrschaft und nur das Hirngespinnst verrückter Anarchisten. Aber der Maßstab, welcher an die Beurtheilung des Einzelnen gelegt wird, sobald er mit Recht und Gesetz in Berührung tritt, sollte stets ein gleicher, gerechter sein. Und doch wird selbst das Einhalten gewisser äußerer Formen von dem Einen strenge gefordert, während Andere sich ruhig und anstandslos darüber hinwegsetzen dürfen. Wohl kann dies den aufmerksamen Beobachter nicht Wunder nehmen, wenn er weiß, wie wandelbar selbst die mit verbundenen Augen und mit der Wage, als den Zeichen strengster Unparteilichkeit und gleichsten Maßes, dargestellte Göttin der Gerechtigkeit in ihren Entscheidungen ist.

Deutet es nicht auch auf Lücken in der Strafgesetzgebung, daß derjenige, welcher durch Hunger und Elend halb bewußtlos, die abgezehrte Hand nach einem Stück Brod ausstreckt, der Arreststrafe nicht entgehen kann, während der Gründer, welcher wissentlich werthlose Antheilscheine Tausenden leichtgläubiger Abnehmer aufschwatzt und diese um ihr oft sauer erspartes Geld bringt, selbst dadurch ein reicher Mann werden und ungestört weiter speculiren darf? So konnte Jhering (Zweck im Recht, S. 222) nicht treffender sagen: „Unter den Augen unserer Gesetzgeber haben sich die Actiengesellschaften in organisirte Raub- und Betrugsanstalten verwandelt, deren geheime Geschichte mehr Niederträchtigkeit, Ehrlosigkeit und Schurkerei in sich birgt als gar manches Zuchthaus, nur daß die Räuber und Betrüger hier statt in Eisen in Gold sitzen".

Wir wissen aber, daß in allen Staaten auch die ängstlichste und „fürsorglichste" Gesetzgebung, die sonst jeder Selbsthülfe und Eigenmächtigkeit gram und abhold ist, unter gewissen Voraussetzungen dem einzelnen Staatsbürger die Nothwehr gesetzlich gestattet. Um wie viel mehr muß der obersten Staatsleitung selbst, in Verhältnissen, wo das materielle Wohl des größten Theiles der Unterthanen, des gesammten Bauern- und Handwerkerstandes, wo die höchsten geistigen Güter des Volkes gefährdet sind, wo die Macht des Staates selbst bedroht und seine finanziellen Verhältnisse zu einem Speculationsobjecte herabgewürdigt sind, das Recht zuerkannt werden, dort wo lückenhafte Gesetze nicht ausreichen, im Stande eigener Nothwehr zu Ausnahmsmaßregeln zu greifen. Der Staat ist hierzu sogar verpflichtet; denn hat er einmal für die vom Volke geleisteten Abgaben seinerseits die Bürgschaft für die Sicherheit des Eigenthums seiner angestammten Unterthanen übernommen, dann darf diese Sicherheit nicht blos mit Worten angekündigt bleiben, sondern sie muß durch die That verwirklicht werden. Sollte sich also bei staatlichen Einrichtungen oder Gesetzen durch die Erfahrung oder in Folge der stets wandelbaren gesellschaftlichen Verhältnisse herausstellen, daß jene nicht mehr den Bedürfnissen der Menge, sondern nur den eigennützigen Zwecken einer kleinen Minderheit dienen, so müssen diese Gesetze in einzelnen Theilen oder zur Gänze zum Wohle der rechtmäßigen Unterthanen abgeändert werden. Rechtmäßige Unterthanen sind aber gewiß nur jene seit mehr als tausend Jahren hier seßhaften Volksstämme, welche mit dem Schwerte in der Faust Grund und Boden dieser Länder in Besitz genommen, denselben urbar gemacht, durch harte Arbeit und erfindungsreichen Fleiß der Cultur erschlossen; vereint durch das allgemeinsame Band christlicher Gesittung die Staatenbildung veranlaßt und ihr selbstgeschaffenes Vaterland mit Muth und Kraft gegen äußere Feinde vertheidigt und siegreich behauptet haben.

Mit diesen erbgesessenen Bewohnern, nach Naturrecht und altgermanischem Grundgesetze nicht gleichberechtigt sind die Juden, die seit einer verhältnißmäßig kurzen Spanne Zeit mit Zwischenhandel, Wucher und Betrug heimlich sich hier eingeschlichen haben, die Nichts geschaffen, Nichts erfunden, an der Culturarbeit, sowie an den blutigen Kämpfen des Volkes keinen Antheil genommen und stets nur als Schmarotzer von unseren geistigen und materiellen Gütern gezehrt haben; die eine bürgerliche Gleichstellung mit uns erst vor wenigen Jahrzehnten unter den verwirrenden Eindrücken der durch sie selbst geschürten politischen Kämpfe als ein Gnadengeschenk erhalten haben, dessen sie sich jedoch unwürdig gezeigt, das sie mißbraucht und durch ihre Gemeinschädlichkeit längst verwirkt haben.

Und was in Folge von Mißgriffen bei Feststellung von Gesetzen, welche fremden Eindringlingen die Ausbeutung der einheimischen Volksstämme ermöglichte, dem Gesammtvermögen des erbgesessenen, christlichen Volkes entzogen werden konnte, das muß durch Vermittlung einer streng gewissenhaften obersten Verwaltung dem Staatsvermögen wieder ersetzt und zurückgewonnen werden.

Die Dienstbarmachung der Staatsgewalten für die Interessen des Großcapitals durch schlau berechnete Finanzoperationen, die Auswucherung der Bevölkerung durch gewissenlose Speculation und ausbeutenden Zwischenhandel, die Schädigung des Bauernstandes, des christlichen Gewerbes und Handwerkes, die Organisirung christlicher Sklavenbanden im Dienste der Großindustrie und die Massenvergiftung der geknechteten Arbeiter durch Schnaps; die Entsittlichung des Volkes durch eine zügellose Presse fremden Stammes und fremden Sinnes — das sind die socialen Schäden, welche gesühnt und für alle Zukunft unmöglich gemacht werden müssen!

## II.
### Die Juden von Außen.

Nicht nur die jüngsten Vorgänge auf Corfu, auch die trotz aller von philosemitischer Seite angewandten Bemühungen und Drohungen dennoch verschärften „Judengesetze" in Rußland, ja selbst jede Verhandlung über die von Tag zu Tag dringender mahnenden socialreformatorischen Maßregeln in den Vertretungskörpern constitutioneller Staaten, lenken die allgemeine Aufmerksamkeit stets wieder auf einen Volksstamm, welcher, von allen übrigen Nationen Europas verschieden, an dem unvermischten „Reinhalten" seiner Rasse inmitten der anderen Völker als an einem seiner obersten nationalreligiösen Grundsätze festhält und im socialen, wie im wirthschaftlichen Volksleben die Förderung der eigenen Stammes=interessen als das einzig berechtigte Leitmotiv aller seiner Lebensäußerungen anerkennt.

Die dem Gemüthsleben und der Geistesrichtung der germanischen, slavischen und romanischen Nationen widerstrebenden Eigenthümlichkeiten dieses semitischen Volksstammes haben im Gefolge einer mehr allgemeinen, oft unbewußten Abneigung jenes Bedürfnis innigeren Zusammenstehens der arischen Völker, das Bedürfniß des Fernhaltens, der Abwehr des jüdischen Einflusses wachgerufen, welches heute als „Antisemitismus" die verschiedenartigsten falschen Auslegungen und Mißdeutungen, insbesondere von gegnerischer Seite erfährt. Die Verschiedenheit der Religion hat mit dieser Erscheinung entschieden gar Nichts zu thun. Denn wenn auch christliches Streben und die christliche Glaubenslehre als der geistige Aus=druck der einzigen überhaupt bestehenden Universalreligion offen vor aller Welt liegt, so hüllen sich dagegen mehr oder weniger alle National=religionen, der Buddhismus, der Islam, am allermeisten aber der Judaismus ängstlich in möglichst dichte Schleier der Verborgenheit und wie heute allgemein bekannt, wird eine vollständige texttreue Wiedergabe und Verbreitung der national=religiösen Schriften Talmud und Schulchan Aruch so sorgfältig und auch so erfolgreich verhindert, daß deren Satzungen dem einfachen christlichen Bürger, wie dem weisen Staats=manne in gleicher Weise fremd und unzugänglich bleiben. Sagt doch der Talmud (Tr. Sanh. f. 59. 1) selbst: „Ein Goj (Ungläubiger, Christ), der im Gesetz studirt, ist des Todes schuldig"; gewiß keine freundliche Einladung zu solchen Studien! So bewahrt denn der Jude in allen Lebenslagen sein „nationales Geheimniß", welches auch im ver=

trauteſten Umgange mit den Angehörigen anderer Nationen eine ſtete, unverrückbare Scheidewand bildet.

Der Urſprung des Antiſemitismus iſt aber vielmehr auf das Verhalten der Juden ſelbſt, als auf die natürliche oder bewußte Abneigung gegen jüdiſches Weſen überhaupt zurückzuführen. Der Grazer Profeſſor Dr. L. Gumplowicz, ein Anhänger der Darwin'ſchen Theorieen und entſchiedener Vertreter der modernliberalen Richtung, behauptet in ſeinen „Sociologiſchen Unterſuchungen", S. 333: „Die Juden zogen es vor einen ewigen Racenkampf aller Völker und Nationen gegen ſich wach zu erhalten, als ihre überlebte und mumienhafte Nationalität der aufblühenden, friſchen Cultur anderer Länder und Zeiten zum Opfer zu bringen . . . . . . . und es iſt gewiß kein welthiſtoriſches Verdienſt um die Menſchheit, durch ein unſinniges Trotzbieten gegen die allgewaltige Strömung des ſocialen Naturgeſetzes, einen Racenkampf permanent zu halten und ewig zu ſchüren, der längſt ſchon ausgetobt haben könnte".

Hiermit übereinſtimmend bezeichnet auch Max Nordau in ſeinen „Paradoxen" S. 333 das Feſthalten ſeiner Stammesgenoſſen an den vom „Geſetze" gebotenen äußerlichen Gepflogenheiten als eine „unbegreifliche Verblendung und Hartnäckigkeit, welche bei den chriſtlichen Völkern das Gefühl eines Gegenſatzes und einer Abſonderung fortwährend lebendig erhalten müſſe".

Ebenſo gewiß iſt es auch, daß, wenn die Juden auf politiſchem, ſocialem oder wirtſchaftlichem Gebiete uns entſchieden nützen würden, der Antiſemitismus überhaupt nie entſtanden wäre, und wenn die Juden heute aufhören wollten, auf jenen Gebieten uns zu ſchaden, auch der Antiſemitismus binnen Kurzem verſchwinden müßte. Es liegt daher nur an den Juden ſelbſt, durch freiwillige Einſchränkung gewiſſer Lebensäußerungen dazu beizutragen, die ſchärfſten Begründungen des Antiſemitismus abzuſchwächen und ein friedliches Zuſammenleben in Mitte der hier einheimiſchen ariſchen und chriſtlichen Völker zu ermöglichen.

Der Antiſemitismus iſt nichts Anderes als die Abwehr, das Fernhalten des die erbgeſeſſene ariſch-nationale, chriſtliche Bevölkerung materiell und geiſtig ſchädigenden jüdiſchen und jüdiſch-liberalen Einfluſſes. Der Antiſemitismus iſt die dem chriſtlichen Volke aufgedrungene Nothwehr um Erhaltung ſeines täglichen Brodes für Leib und Seele und daher auch eine heilige Pflicht der Selbſterhaltung; er beruht auf den durch untrügliche Erfahrungen und fortgeſetzt richtige Beobachtungen wohl begründeten Anschauungen christlich und national gesinnter, uneigennütziger Männer, denen das wahre Wohl ihres angestammten, gemeinsamen Vaterlandes aufrichtig am Herzen liegt. Der Antisemitismus als Abneigung gegen die Juden überhaupt besteht nachweislich bei allen arischen Volksstämmen seit Jahrtausenden und hat sich bekanntlich in alten Zeiten durch die periodisch stets wiederkehrenden sogenannten „Judenhetzen" unter gesetzwidrigen Ausbrüchen der Volkswuth geäußert. Heutzutage, wo im geordneten Staats- und Rechtsleben die über den Rahmen des Gesetzes hinausgehende Selbsthülfe verpönt und derlei Ausschreitungen ebenso von Seiten der Regierungsgewalten wie von jedem gutgesinnten Staatsbürger unbedingt verurtheilt werden, besteht jedoch die Abneigung gegen die Juden ungeschwächt fort und steigert sich erfahrungsgemäß in dem Maße, als die Juden innerhalb bestimmter Ländergebiete sich vermehren und damit gleichzeitig an Einfluß auf die socialen Verhältnisse gewinnen. Wenn wir uns auch voll bewußt sind, daß wir bei Erörterung socialer Erscheinungen vorerst bestrebt sein sollen, auf dem Wege der strengen Forschung auf den Urgrund und die veranlassenden Ursachen jener zurückzugehen, so wollen wir doch in diesem Falle auf die genugsam bekannten Werke von Dühring, Glagau, Wahrmund, Drumont ꝛc. verweisen und hier mehr nur hervorheben, wodurch die Abneigung gegen die Juden im Alltagsleben entsteht und erhalten wird.

Die Abneigung gegen die Juden kann als eine allgemeine, nationale, und als eine specielle, sociale, bezeichnet werden, von denen die Erstere in dem den christlichen Arier überhaupt meist abstoßenden, fremden Wesen des Semiten, die Letztere aber in der unmittelbar gefährlichen Geschäftsmoral desselben auf allen Gebieten des öffentlichen und Verkehrslebens ihren Grund hat. Der allgemeine oder nationale Antisemitismus beschränkt sich bei dem vom geschäftlichen Einflusse der Juden unberührten Menschen arischen Stammes mehr nur auf eine natürlich-körperliche, oft unbewußte (beim Thiere „instinctiv" genannte) Abneigung gegen die semitische Race. Während nämlich fast alle Volksstämme Europas durch das gemeinsame Band arischer Abstammung und christlichen Glaubens geeint, unter einander sich mehr oder weniger vermischen, wodurch hervorstechende oder unterscheidende körperliche Formen im Laufe der Zeit immer mehr verschwinden, legt das nationale Stammesgesetz der Juden den Hauptnachdruck auf das unvermischte „Reinhalten" ihres Volkes, und zwar mit solchem Erfolge, daß die Darstellungen auf altegyptischen und assyrischen Denkmälern vor mehr als dreitausend Jahren für den Juden dieselben charakteristischen körperlichen Merkmale aufweisen, wie solche auch heutzutage noch unverändert bestehen. Jeder Assimilirung verschiedener Racen muß nämlich unbedingt eine aufrichtige und ernste Annahme der gleichen Religion vorangehen und so wird uns in gewisser Beziehung auch ein christgläubiger Neger viel näher stehen als ein verstockter Talmudjude. Die Sprache dagegen bleibt stets nur ein nebensächliches, äußeres Merkmal. Den Abkömmling von nach Deutschland eingewanderten Franzosen oder Engländern kann man allerdings vom eingeborenen, stammesreinen Deutschen nicht mehr trennen und unterscheiden; aber Niemand wird so blind sein, nicht sofort den Juden zu erkennen und wenn seine Vorfahren auch seit Hunderten von Jahren in Deutschland gelebt hätten. Der Jude ist dadurch ebensowenig ein Germane geworden, als ein in Deutschland geborener Neger, selbst wenn dieser Letztere keine andere als die deutsche Sprache sprechen würde. Bei Franzosen, Engländern oder Slaven handelt es sich eben nur um geringfügige Nationalitäten=, bei Juden oder Negern um sehr bedeutende Racen=Unterschiede.

Bei Erörterung der einschlägigen Momente wollen wir dem Vorgange unseres großen Humanisten Herder folgen, welcher uns in seinen philosophischen Schriften einen wahren Schatz der gediegensten und bewährtesten Natur=, Menschen= und Weltbeobachtungen hinterlassen hat.

Herder geht bei seiner diesbezüglichen Betrachtung von den körperlichen Racen=Merkmalen aus, durch welche die semitischen von den arischen Volksstämmen sich unterscheiden. Um möglichst kurz und gedrängt nur das Wichtigste zu wiederholen\*), so ist der Schädel des Semiten im Verhältnisse zur Körperlänge größer als bei den arischen Racen; derselbe zeigt zwar meist einen schmal und hoch aufsteigenden Scheitel, aber über dem höher liegenden Gehörgange eine größere Breite, welche beim behaarten Kopfe als eine oberhalb der oft abstehenden großen Ohrmuscheln wulstartig hervortretende Verdickung erscheint. Diese Kopfform bedingt das charakteristische „hohe Sitzen" der modernen steifen

---

\*) Vergl. auch: Wagner, „Staats= und Gesellschafts=Lexikon", Art. „Jude"; ferner Häckel, „Entstehung und Stammbaum des Menschengeschlechtes"; Gerland, „Anthropologische Beiträge"; Huxley, „Stellung des Menschen in der Natur"; Lucae, „Hand und Fuß"; Masse, „Anatomischer Handatlas"; Waitz, Petry, Burdach u. A. Wir erinnern auch an eine von Prof. Brühl in Wien am 31. März 1869 gehaltene populäre Sonntagsvorlesung: „Über die Bedeutung des Auges für die Physiognomie des Menschen".

Kopfbedeckungen bei den Juden. Das Gerippe zeigt längere Dornfortsätze der oberen Wirbelknochen, welche mit den etwas höher angehefteten Schulterblättern den oberen Theil des Rückens stets gewölbt erscheinen lassen; der Unterarm ist im Verhältnisse zum Oberarm meist länger als beim arischen Menschen; das Becken ist im Ganzen schmäler und mehr länglich; die Wadenbeine sind nach auswärts geschweift, die Mittelfußknochen länger als beim Europäer und durch ihre flachere Lage, bei gleichzeitig längerem Fortsatze des Fersenbeines, den Plattfuß des Juden bedingend. Hierzu kommt, vom Skelette absehend, das gröbere, krause Kopfhaar und die semitische Physiognomie, welche durch die mehr länglich geschlitzten Augen, die meist krumme, große Nase mit herabgezogener Nasenscheidewand und durch jenen eigenthümlichen Schwung der Lippen sich kenntlich macht, welcher den „faunischen" oder „satyrhaften" Gesichtsausdruck bildet. Die Hand zeigt kürzere Nagelglieder, insbesondere einen näher dem Handgelenke angesetzten, kürzeren Daumen, der mehr in der Handebene liegt, weniger „entgegenstellbar" ist und bei welchem die Streck- und Beugesehnen weniger entwickelt, daher auch die Hände zum kräftigen Umfassen bei schweren, körperlichen Arbeiten meist ungeeignet sind. Der Brustumfang ist geringer, was nebst dem vorerwähnten Plattfuße die häufigere Untauglichkeit zum Militärdienste erklärt. Die bei vorgeschobenem unteren Beckentheile etwas mehr nach rückwärts gestellten Hüften, die gebogenen Unterschenkel und die durchtretenden Plattfüße veranlassen den mehr schleifenden und unsteten Gang des Juden. Auch verdient hier die allbekannte, wie der äthiopischen, so auch der semitischen Race eigenthümliche übelriechende Ausdünstung erwähnt zu werden, die durch reichlichere und schärfere Ausscheidungen der Schweiß- und Talgdrüsen vermittelt, bei erhitztem oder aufgeregtem Zustande des Individuums sich besonders unangenehm bemerkbar macht. Schließlich muß noch der ausgesprochenen Voranlage zu allen Arten von Nervenkrankheiten (Neuropathische Belastung durch Vererbung und Disposition der Neurasthenie) gedacht werden, welche auch den unverhältnißmäßig hohen Percentsatz für Irrsinnsfälle und Selbstmorde erklärt.

Hervorzuheben wäre hier noch, daß nicht alle Stammesmerkmale gleichzeitig oder gleich stark ausgeprägt bei jedem Einzelnen sich vertreten finden. Die häufigsten sind unstreitig der gewölbte Rücken, die flachen, ristlosen Füße, die kurzen Nagelglieder und der eigenthümlich gestellte Daumen. Als letzte Eigenthümlichkeit nennen wir noch die durch eine etwas abweichende Kehlkopf= und Zungenbildung bedingte Sprechweise der Juden, bezüglich welcher Hellwald in Reichenow's „Handbuch der Zoologie, Anthropologie und Ethnographie" im IV. Bande sagt: „Die Juden nahmen im Allgemeinen die Sprache des Volkes an, unter dem sie gerade lebten; aber trotz verhältnißmäßiger Gewandtheit im Ausdrucke blieb ein gewisses Etwas übrig, das sofort den Juden erkennen läßt. Dieses „Mauscheln" ist ganz entschieden ein Racenmerkmal, da es sich bei den Juden in allen Ländern, selbst im Oriente findet und welches bei ihnen ebenso wenig verschwindet, wie der eigene Typus. Es kennzeichnet daher auch der Sprachgebrauch ganz richtig den nationalen Unterschied, indem er sagt: Ein deutscher Jude, ein englischer Jude, nicht aber: Ein jüdischer Deutscher oder ein jüdischer Engländer."

Ein großer Lebenskummer in den Freuden des Geldmachens bleibt für die Angehörigen des „auserwählten" Volkes, daß sie nach ihrem Aeußeren überall als Juden kenntlich sind und bezeichnend ist daher das Bestreben derselben, ihre Stammeszugehörigkeit möglichst zu verbergen (siehe Wagner: „Die Juden in der Musik"), wozu betreffs der äußeren Erscheinung ihnen heutzutage die von den Stammesgenossen mit Vorliebe betriebenen Bekleidungsgeschäfte durch die Förderung gewisser Moden behülflich sein müssen, so durch Watte=Einlagen an den äußeren Rändern der Schulterblätter, um den Rücken auszugleichen und kräftige germanische Schultern darzustellen, die weiten, schlotternden Hosen, um den Schwung der Beine zu verbergen und die absatzlose Beschuhung, wie solche dem Plattfuße am meisten zusagt.

Daß mit so ausgesprochenen körperlichen Unterschieden auch ganz bezeichnende geistige Anlagen eng verbunden sein müssen, ist wohl selbstverständlich und ebenso, daß diese letzteren zufolge einer mehrtausendjährigen Vererbung zu festbestehenden Racenmerkmalen sich ausgebildet haben. Diese geistigen Racenmerkmale nun sind es, welche im geschäftlichen und geselligen Leben sich geltend machen und den wohlbewußten socialen Antisemitismus hervorrufen und nähren, dessen eingehende sachliche und unparteiische Betrachtung wir sofort folgen lassen.

Wie es dem Anthropologen und Ethnographen bekannt ist, daß die Begriffe verschiedener Menschenracen über körperliche Schönheit, geistige Anregung und Lebensgewohnheiten sich durchaus nicht gleichen oder decken, so dürfen Semiten, welche als das „auserwählte Volk" auf die Beibehaltung und Vererbung aller ihrer Stammesmerkmale offenbar einen so hohen Werth legen, uns Deutschen nicht verübeln, wenn eben dieselben

Eigenheiten uns durchaus nicht gefällig und angenehm erscheinen. Wie wir den Juden unseren Geschmack und unsere Auffassung wahrlich nicht aufdrängen, so wünschen wir dagegen auch, daß die Juden endlich davon abstehen möchten, uns ihre Geschmacksrichtung und ihre Ansichten mit allen Mitteln ihrer Geschäftspraxis und ihrer nationalen Presse überall und allezeit bis zum Ueberdrusse aufzudrängen.

## III.
### Die Juden von Innen.

Das Verhalten der Juden in der arisch-christlichen Gesellschaft wird, abgesehen von den vorwiegend auf Erreichung irdischer Zwecke und materieller Vortheile für den eigenen Volksstamm abzielenden Grundsätzen des Talmud und Schulchan Aruch, auch durch gewisse Charakterzüge oder natürliche Triebe bestimmt, die der semitischen Race im großen Ganzen als durchschlagende Merkmale anhaften und hauptsächlich in drei Richtungen sich äußern, nämlich als Sammel-, Geselligkeits- und Nachahmungstrieb.

Ein gemeiner Sammeltrieb, eine ungemessene Sucht nach Geldgewinn ist der hervorstechendste Charakterzug des Juden. Der gebildete Jude geht demselben bewußt nach, als dem Mittel zur Erlangung der seinem Stamme versprochenen „Weltherrschaft"; der ungebildete folgt diesem seinem Triebe unbewußt und instinctmäßig. Nach der untrüglichen Vererbungstheorie ist es unschwer zu begreifen, daß bei einem Volke, das seit Jahrtausenden zum größten Theile dem Handel, dem Geldmachen und dem Wucher ergeben war, diese Sinnesart einen wesentlichen Bestandtheil in der Veranlagung des Einzelwesens bilden muß. Und thatsächlich ist diese einseitige, nur auf Geldgewinn gestellte Geistesrichtung des Juden eine so übermächtige, sein ganzes Wesen so beherrschende und durchdringende, daß er in keinem Berufe, keinem Gesellschaftskreise, in keiner Lebenslage sich der treibenden und bestimmenden Macht derselben entziehen kann. Da körperliche Arbeit, die anstrengende Mühe des Ackerbaues wie die selbsteigene Ausübung der meisten Handwerke jenes Ziel zu wenig fördern, auch eine nachhaltige Muskelthätigkeit voraussetzen, für welche der Körper des semitischen Nomaden nicht veranlagt ist, so sehen wir den Juden in diesen Ständen, wie in allen anderen, welche den Geldgewinn ausschließen oder erschweren, nur spärlich oder zufolge zwingender socialer Verhältnisse vertreten.

Der Geselligkeitstrieb findet seinen Ausdruck in dem durch die nationalgesetzlichen Vorschriften großgezogenen Zusammengehörigkeitsgefühle aller jüdischen Stammesgenossen, sowie im gemeinsamen Auftreten und Vorgehen allen Nichtjuden gegenüber. Das in der Gesellschaft mit Ihresgleichen überkommene vorlaute und lärmende Wesen; das rücksichtslose Vordrängen bei allen öffentlichen Gelegenheiten; das bei Mangel jeder Gründlichkeit, einer strengcorrecten Ausdrucksweise in allen Sprachen abholde, mauschelnde Schwatzen; das selbstgefällige Prahlen, welches über eine beständige geistige Unruhe und innere Angst hinwegtäuschen soll, wobei Wortwitz und „gaistreiche" Einfälle den Schein einer Alles umfassenden Bildung erwecken sollen; die kriechende und süßlich-einschmeichelnde Art dem hochgestellten Manne und der hochmüthig-verächtliche Ton dem geknechteten Opfer gegenüber; eine aufdringlich-kecke Neugierde endlich, die keine Schranken kennt, sowie der gänzliche Mangel eines natürlich anspruchlosen Benehmens — das sind die alle Lebensäußerungen der Juden durchdringenden Formen, welche dem Nichtjuden deren Nähe und Gesellschaft so lästig machen. So haben in der letzten Zeit viele Besitzer großer Gasthöfe, Kaffeehäuser, Vergnügungsorte und Badeanstalten in Nordamerika, Holland und Rußland aus Geschäftsrücksichten und zur Schonung ihrer Besucher aus den besseren Ständen sich auch veranlaßt gesehen, Juden den Eintritt in ihre Etablissements unbedingt zu versagen.

Der Nachahmungstrieb kommt bezüglich äußerer Formen ebenso zur Geltung wie auf geistigem und künstlerischem Gebiete. Auf diesem Triebe beruht vornehmlich die Darstellungsgabe, welcher die Juden ihre unleugbare Verwendbarkeit als Schauspieler verdanken. Da jedoch dem Juden die Gabe ideal-selbstschaffenden Aufschwunges gänzlich versagt ist, wie er denn auch keine einzige wichtige Erfindung auf wissenschaftlichem und technischem Gebiete zu verzeichnen hat, so übt er die leichtere und billigere Art der Nachahmung auch auf dem geistigen Felde der arischen Völker. Dem Nachahmungstriebe in Verbindung mit einer unbezähmbaren Geldgier entspringt weiter die schon von den Propheten des alten Testamentes oft gerügte Leidenschaft des Fälschens der verschiedenen Handelsartikel. Aus diesem Grunde war im „finsteren" Mittelalter und bis in das achtzehnte Jahrhundert hinein in den meisten Staaten den Juden der Handel mit Lebens- und Genußmitteln gänzlich verboten. Während nun allerdings der Fälscher selbst durch eine gewisse Zeit leicht verdient, wird dagegen der getäuschte Abnehmer, der Handel im Allgemeinen und der ehrliche Geschäftsmann insbesondere unberechenbar und schwer geschädigt. Der Rückgang des österreichischen Ausfuhrhandels in Industrieartikeln, die Discreditirung der österreichisch=ungarischen Weine auf dem Weltmarkte, die Schädigung zahlloser Erwerbszweige, namentlich des Kleingewerbes im Lande selbst, ist nur dem schwindelhaften Vertriebe werthloser Poselwaare, den Nachahmungen und Fälschungen zuzuschreiben. Einen Hinweis, was heutzutage Alles nachgeahmt und gefälscht wird, geben die vielen Ankündigungen in Zeitungen, bei denen das Wort „echt" hervorgehoben ist. Da werden „echter" Naturwein und Cognac, echte Leinwand und Schafwolle, echte Seide, echte Gewürze, echte Gebirgs= und Alpenbutter, sogar echtes Weizenmehl und echter Feigenkaffee (!), Pfeifenspitzen von echtem Bernstein, Uhren von echtem Silber, echte Alterthümer, Reisekoffer von echtem Schweinsleder u. s. w. angepriesen.

Anschließend an solche stoffliche Fälschungen wären hier noch einige Worte über die Fälschung der öffentlichen Meinung beizufügen. Um der Menge den inneren, festen Halt zu nehmen, um sie zu spalten und zu schwächen, um sie für thätliche Angriffe widerstandslos und gefügig zu machen, dazu soll den Juden die Publicistik, die „Presse" dienen, auf deren Gebiete sie heute leider noch tonangebend sind. Das hierbei wirkende Mittel wieder ist das Nahelegen oder Unterschieben von Vorstellungen und Begriffen — die „Suggestion". Jeder Mensch ist mehr oder weniger der Suggestion zugänglich und wenn im Allgemeinen der höher ausgebildete, selbstbewußte, überzeugungstreue und grundsatzfeste Mensch in dieser Richtung keiner oder einer nur geringen Gefahr ausgesetzt ist, so verfällt die in ihrem moralischen Halt, in ihren religiösen Gefühlen erschütterte Menge gar leicht den Einwirkungen unterschobener Ansichten. Wo nicht das Geld unmittelbar in Form von gefälliger Geschäftsführung, von Betheiligung, von Gewinnsthoffnung oder von Bestechung wirken kann, dort muß die Unterschiebung von falschen Begriffen durch die Presse nachhelfen. Da echt=christliche Moral und christliche Weltanschauung dabei dem Juden am meisten im Wege sind, so richten sich gegen diese die offenen und verdeckten Angriffe der Judenpresse. Darum begegnen wir hier wie in jenen Vertretungskörpern, wo jüdischer Einfluß sich breit macht, verblümt und unverblümt, oft täglich wiederholt, den von der Judenschaft ausgegebenen Schlagworten, daß das Freidenkerthum (der Liberalismus) der Hort der Bildung und des Fortschrittes, der streng christlich Denkende aber ein halbgebildeter Finsterling und Feind fortschreitender Gesittung sei. Und so haben denn auch

die Juden theilweise erreicht, daß manche über die thatsächlichen Ver=
hältnisse noch unklar Denkende oder mangelhaft Gebildete das ihnen
Fehlende ersetzen zu können glauben, sich auch für Vorkämpfer der Bildung
und des Fortschrittes halten, wenn sie einfach mit den Juden
durch Dick und Dünn gehen.

„So nimmt die Menge", sagt Max Nordau in seinen Paradoxen
S. 116, „Alles, was man ihr sagt, buchstäblich und wiederholt gläubig,
ohne Wahrheit von Lüge, ohne Ernst von Hohn zu unterscheiden; so
machen ganze Völker ihren Leumund in der Welt und erobern sich die
Führerrolle. Sie haben in Wirklichkeit alle schlechten und nie=
drigen Eigenschaften, aber sie versichern, daß sie die herrlichsten und
edelsten besitzen; sie sind eigennützig und nennen sich selbstlos, sie hassen
und verachten alle fremden Völker und rühmen sich ihrer allgemeinen
brüderlichen Menschenliebe; sie sind selbstschöpferisch auf allen
Gebieten zurückgeblieben und wiederholen beständig, daß sie überall
an der Spitze stehen. Und die Welt nimmt sich nicht die Mühe, die
Thatsachen zu sehen, sondern hört nur die Worte und wiederholt sie
gläubig; sie merkt nicht, daß die Hände den Lippen widersprechen und
ist überzeugt, daß jenes Volk wirklich das ist, wofür es sich selbst
ausgibt."

Wir haben früher gesehen, wie der Jude in angeborenem, unwider=
stehlichem Drange nach Geldgewinn Alles, was er sieht und hört, was
um ihn her geschieht, was er thut und läßt, von dem einseitig parteiischen
Standpunkte der Vortheile für seine eigene Person und seiner Stammes=
interessen beurtheilt. Wir gehen also auch ganz sicher, wenn wir be=
haupten, daß Alles, was der Jude lobt, uns irgendwie zum Nachtheile
gereicht; was von unseren staatlichen Einrichtungen und Gesetzen dem
Juden taugt, uns Christen gewiß mehr oder weniger Schaden bringt.
Wie wir nun früher nach den Anpreisungen „echter" Waare auf die
Fälschungen aufmerksam werden, so hilft uns in allen zweifelhaften
Fragen auf staatlichem und socialem Gebiete, auf jenem der Landwirth=
schaft und des Gewerbes der Jude selbst unseren Standpunkt rasch
und richtig finden, indem wir nur sein Verhalten und jenes seiner Presse
zu beachten brauchen: Loben die Juden die Abhaltung internationaler
Saatenmärkte, so sind diese gewiß den christlichen Landwirthen abträg=
lich; befürwortet ein Judenconsortium eine Gründung, ein Loospapier,
eine Actie, so soll gewiß der Christ dabei sein Geld verlieren; mißbilligt
und begeifert die Judenschaft den Antrag confessioneller Schulen, so er=

blickt sie darin eine Stärkung des christlichen Gedankens und der Widerstandsfähigkeit gegen ihren Einfluß; sträuben sich die Juden gegen den strengen Befähigungsnachweis zum fabriksmäßigen Betriebe gewisser Gewerbe, insbesondere aber auch eines solchen Nachweises zum Verkaufe der handwerksmäßig erzeugten Artikel, so würde die Forderung dieses Nachweises gewiß dem ehrlichen, christlichen Fabrikanten, Handwerker und Geschäftsmanne zu Gute kommen*). Wird ein Parlamentarier viel gelobt, so hat dieser gewiß in seinem Innern einer streng christlichen Ueberzeugung bereits entsagt und arbeitet bewußt oder unbewußt der Judencorruption in die Hände; gilt das Lob einem Gemeinderathe, so steht ihm der Jude gewiß näher als der Christ; wird eine Regierung durch die Juden gestützt, so erwarten sie von ihr Vortheile, welche für die Christen gewiß zum Nachtheile ausschlagen. Loben die Juden die Bestimmungen der Staatsgrundgesetze, der Volksvertretung, eines gerichtlichen Verfahrens, so ist dies ein Fingerzeig, daß es hohe Zeit und durch die Pflicht der Selbsterhaltung geboten ist, jene Gesetze, jene Einrichtungen durchzusehen und zum Schutze der großen Mehrheit des christlichen Volkes zweckmäßig abzuändern.

## IV.
### Das „Alte Testament" kein Bindeglied zwischen Christen und Juden.

Nachdem wir im Eingange der vorigen Epistel kurz erwähnt haben, daß das Verhalten der Juden in der arisch-christlichen Gesellschaft durch die nationalen Religions- und Stammesgesetze, den Talmud und Schulchan Aruch bedingt wird, deren Bestimmungen den Urgrund und die natürliche Erklärung für eine Menge sonst fast unbegreiflicher socialer Erscheinungen geben, so müssen wir diese Gesetze selbst einer näheren Betrachtung unterziehen. Dies ist aber um so mehr geboten, als sämmtliche Juden, und zwar Orthodoxe wie Neologen, welch Letztere

---

*) Durch die uneingeschränkte Freigebung des Verkaufes dieser Artikel wurde der Ruin des Kleingewerbes besiegelt. Die Mühe und Arbeit der Erzeugung lastet allein auf dem Handwerker, der Nutzen und Gewinn der Erzeugung fällt dem jüdischen Zwischenhandel zu, so insbesondere beim Schneider-, Schuster-, Schirmmacher- und Tischlergewerbe. Bei handelspolitischen Krisen geht der arme Handwerker (Perlmutterdrechsler!) elend zu Grunde, während der Zwischenhändler sich einfach einen anderen Artikel zum Vertriebe wählt und gemüthlich weiter „handelt".

aus Opportunitätsrücksichten über gewisse Aeußerlichkeiten ihres Ritus hinweggehen, ja selbst eine große Zahl bereits getaufter Juden, an den Grundsätzen, Lebens- und Verhaltungsmaßregeln ihrer Stammesgesetze mit unverbrüchlicher Treue festhalten.

Lassen wir behufs Beurtheilung socialer Verhältnisse unseren Blick über die Grenzen des Vaterlandes hinaus bis in ferne Welttheile schweifen, so sehen wir bald, daß die religiösen Anschauungen dem ganzen Leben und Treiben eines Volkes einen bestimmten, fast unverrückbaren Stempel aufdrücken. Wie im Oriente alle Völker mohammedanischen Glaubens vom obersten Herrscher bis zum ärmsten Lastträger herab in ihrem ganzen Denken, Fühlen und Handeln vom Islam durchdrungen und geleitet sind, so mußte in Indien das mächtige England seine civilisatorischen Bestrebungen den Gesetzen des Buddhismus anpassen, eines Religionsglaubens, der den schwachen Hindu zum schwermüthigen Dulder wie zum weltverachtenden Helden macht. So ist es denn auch ganz unmöglich, sociale Verhältnisse von Völkern verschiedenen Stammes und Glaubens überhaupt vergleichend zu besprechen, ohne vorerst deren religiöse Ansichten, insbesondere deren Ethik (Begriff über „Gut" und „Böse") wenigstens in den Hauptpunkten angedeutet zu haben.

Den Volksreligionen steht das Christenthum als einzige universelle oder Weltreligion gegenüber, die keinen Racen- oder Stammescharakter trägt, nicht fremde Gewohnheiten den Völkern aufzwingen will, sondern, auf einer idealen Richtung aufgebaut, die edelsten menschlichen Triebe in jedem Einzelwesen zum Durchbruche und zur Entwicklung bringen will. So ist die christliche Religion, gleich zugänglich und verständlich für Völker, welche in der Polarzone, wie für solche, die unter den Tropen leben, zur Trägerin der Gesittung und Bildung auf der ganzen Erde geworden, indem unter ihrem Wahrzeichen europäische Volksstämme die abendländische Cultur in die fernsten Welttheile getragen haben. Die Volksreligionen dagegen haben alle einen mehr engherzigen, den Stammeseigenthümlichkeiten oder den Racenanlagen eines bestimmten scharf begrenzten Volkes angepaßten Charakter, daher dieselben jeder Expansionsfähigkeit, der Möglichkeit einer Ausbreitung auf andere Völker entbehren und auch niemals eine allgemeine Culturmission erfüllen können. So kann man zum Beispiele den riesenhaften Neger des Kongostaates, den schweigsamen Indianer des amerikanischen Felsengebirges sich recht wohl als gläubigen Christen, doch wohl nie als überzeugten Talmudjuden denken.

Viele Christen, vielleicht auch einige Mitglieder des Priesterstandes, scheinen geneigt zu glauben, daß auf Grund des „Alten Testamentes" eine Art Continuität, also Zusammenhang zwischen der christlichen und jüdischen Religion bestehe. Dem ist jedoch nicht so — es liegt im Gegentheil ein Antagonismus hier vor, wie er schärfer und greller gar nicht gedacht werden kann und es ist gerade jene Unkenntniß des Judenglaubens von Seiten vieler Christen die Wurzel der gröbsten und folgenschwersten Irrthümer bei Beurtheilung der Judenfrage.

Gleichwie nämlich die christliche Religion einzig auf der Lehre des „Neuen Testamentes" als der wahren Exegese und Erfüllung der Verheißungen des „Alten Bundes" begründet ist, ganz in demselben Maße bildet für die Juden die Auslegung der alttestamentarischen Propheten durch hierzu berufene Schriftgelehrte (nach Hecht's israelitischer Geschichte, 5. Auflage, S. 11 sind die Pharisäer „die edelsten Vertreter und Erhalter des Judenthums") die eigentliche bindende Darstellung ihrer Nationalreligion. Diese Auslegungen (Mischna und Gemara), welche sich größtentheils auf die Lehren und Prophetenaussprüche der vorchristlichen Aera beziehen, ergänzt durch die Exegesen der anerkannt berühmtesten Rabbiner späterer Zeit, bilden den Talmud, welcher den Juden als „göttliches Buch" gilt und „einen höheren Werth hat als die Bibel selbst". „Die Sünden gegen den Talmud sind schwerer als jene gegen die Bibel" (Tr. Sanh. f. 88. 2). Dieselbe Autorität wird auch den Rabbinern vindicirt, welche als „vom göttlichen Geiste beseelt" dargestellt werden: „Die Worte der mündlichen Lehre sind dem Gesetze gleich" (Rosch. hasch. 19, 1). Maimonides († 1204) sagt: „Die Furcht des Rabbiners ist die Furcht Gottes" und „die Worte der Rabbiner sind Worte des lebendigen Gottes" ꝛc.

Bei vergleichender Beurtheilung der christlichen Religion und des jüdischen Glaubens wird also nicht der Wortlaut des Alten Testamentes, sondern der Sinn und das Wesen der berufenen Auslegungen maßgebend sein und eben diese Auslegungen sind so grundverschieden, daß sie sich wie Himmel und Hölle ausschließen und niemals verbunden werden können.

Wie nämlich für uns Christen das Leben und die Lehre unseres Heilandes in Erfüllung alttestamentarischer Vorhersagungen und die Auslegung der alten Lehre durch Christum selbst, zusammengefaßt im „Neuen Testamente", die Grundlage unserer Religion geistig und sittlich-idealen Strebens bildet, so bleibt für den Juden das Alte

Testament, jedoch ausschließlich nur in der realistisch=materiellen Auslegung des Talmud vollgültig bestehen.

Wie wir die alttestamentarische „Auserwähltheit" des Judenvolkes durch das Erscheinen des Messias und die Menschwerdung Jesu Christi als abgeschlossen betrachten, so halten dagegen und ganz folgerichtig die Juden, welche den Messias nicht anerkennen, an dem Glauben ihrer „Auserwähltheit" und deren Prärogative noch heute fest.

Wie die Juden seinerzeit Christum, den sie als Messias nicht aner= kannten, gekreuzigt haben, gerade so wären die heutigen Juden bereit, unseren Heiland wieder zu kreuzigen und seine Anhänger zu vernichten. Wie wir Christen die Nächstenliebe vom Standpunkte des Gleichnisses vom barmherzigen Samariter nach den Lehren Jesu Christi und der Apostel (Lukas 10, 31 u. ff., Matth. 7, 12 u. ff. und Andere) auffassen, so ist für den Begriff des „Nächsten" bei den Juden die Lehre des Talmud allein maßgebend.

Da Jesus von Nazareth nach jüdischer Lehre nicht Gott, sondern ein bloßer Mensch war, so sind die Christen, welche Jenem göttliche Ehre erweisen, in der Juden Augen Heiden oder Götzendiener (Akum, Gojim). „Die Christen sind Abgöttische (Gottlose), weil sie vor dem Kreuze nieder= fallen" (Kimchi zu Jes. 2. 18, 20). Der Talmud (Tr. Aboda s. f. 2. 1) sagt: „Die Christen sind Götzendiener; doch ist es erlaubt, mit ihnen Handel zu treiben".*)

Der Talmud aber lehrt weiter: „Wie die Menschen über den Thieren, so stehen die Juden über allen Völkern der Welt"; „das aus= erwählte Volk ist des ewigen Lebens würdig, die übrigen Völker sind den Eseln gleich"; „die Häuser der Gojim sind Häuser von Thieren" ꝛc. Gegen das Thier übt man aber keine Nächstenliebe. „Die Heiden und Christen sind Gottes Feinde und die Feinde der Juden." Hiernach ergiebt sich deutlich, wie die Juden, welche nur ihre Stammesgenossen als ebenbürtig, als ihre „Nächsten" betrachten, das fünfte, sechste, siebente, achte, neunte und zehnte mosaische Gebot verstehen.

---

*) Betreff der Citate siehe: „Blicke ins talmudische Judenthum", nach For= schungen des Dr. Conrad Martin, Bischof von Paderborn, herausgegeben von Prof. Dr. Rebbert; Prof. Dr. Wahrmund: „Das Gesetz des Nomadenthums", und zwar Cap. 3, 4, 10 und 12; Abbé de Lamarque: „Le juif talmudiste", dessen Autor eine Prämie von 10000 Francs auf den Nachweis irgend eines unrichtigen Citates ausgesetzt hat; „Die Polemik und das Menschenopfer des Rabbinismus" von Prof. Dr. Rohling u. „Der Judenspiegel". Eine wissenschaftliche Untersuchung v. Dr. J. Ecker. Le sang chrétien dans les rites de la synagogue moderne par Jab, Paris, H. Gautier.

Wieder ganz folgerichtig ist es demnach, wenn der Talmud (Tr. Sanh. f. 57, 2. Tos.) ausdrücklich sagt: „Dem Israeliten ist es erlaubt, einem Goj Unrecht zu thun, weil geschrieben steht: ‚Deinem Nächsten sollst Du nicht Unrecht thun‘, aber nicht geschrieben steht: ‚dem Goj sollst Du nicht Unrecht thun‘". Der Talmud (Tr. Baba m. f. 61, 1. Tos.; Tr. Megilla 13, 2) lehrt weiter: „Einen Goj darfst Du betrügen und Wucher von ihm nehmen". „Die Beraubung eines Goj ist erlaubt" (Baba m. f. 111, 2). Auch Maimonides (Jad. chas. 4, 9, 1) sagt direct, daß man „Nichtjuden bestehlen dürfe".

Der Talmud und die Rabbiner gehen aber auch noch weiter. Der Talmud sagt (Tr. Aboda s. f. 26. 2. Tos. und Ven. Soph. 13, 3): „Den Besten unter den Abgöttischen bringe um das Leben", versteht sich, wenn es leicht möglich ist und auf Israel's Ruf kein Schatten fällt. „Wer das Blut der Gottlosen vergießt, bringt Gott ein Opfer dar" (Jalk. Schim. f. 245. 3, z. Pent.; Bemidb. r. p. 21 f. 229. 3). Selbst der „milde und freisinnige" Maimonides, der „Adler der Synagoge", sagt wörtlich (Jad. chas. 4. 1 f. 47. 1): „Das Gebot, ‚Du sollst nicht tödten‘, bedeutet, daß man keinen Menschen von Israel tödte; Gojim und Ketzer sind aber keine Israeliten"; ferner (Jad. chas. 1. 10. 1. f. 47. 1): „Es ist verboten, sich des Abgöttischen zu erbarmen, oder wenn er dem Tode nahe ist, so soll man ihn nicht retten".

Dieselben Anschauungen theilen aber auch die heutigen modernen Reformjuden. So erklärt der Reformrabbi Dr. Kroner in seiner Streitschrift gegen Rohling: „Den Juden gilt nur der Jude als ‚der Nächste‘ und zwar mit Recht, weil auch die Bibel dies thut".

Nun könnte man allerdings staunen, wie solche gefährliche Grundsätze, welche wohl die Gemeinschädlichkeit der Juden im socialen Leben vollkommen erklären und die äußersten Mittel gesetzlicher und gerechter Nothwehr von Seiten der Christen laut und unabweisbar herausfordern, in einem Rechtsstaate überhaupt nur geduldet werden können. Der Erklärungsgrund ist aber ein sehr einfacher: Wie nämlich der Christenglaube, christliche Religionsübung und christliches Streben im Lichte der Wahrheit gleich einem aufgeschlagenen Buche offen vor aller Welt liegen, so hüllen sich jüdische „Religion" und jüdische Nationalgrundsätze wohlbewußt und ängstlich in die dichtesten Schleier der Verborgenheit.

Während christliche Missionsanstalten das Neue Testament und eine kurz gefaßte christliche Glaubenslehre in mehr als 50 lebenden Sprachen meist unentgeltlich versenden und vertheilen, waren wir nicht im Stande, bei irgend einem Buchhändler auch nur eine vollständige deutsche Ausgabe der jüdischen nationalreligiösen Schriften (Talmud und Schulchan Aruch) aufzutreiben. Und da wagt es noch die lichtscheue Presse dieser jüdischen Finsterlinge jene eifrigen Christen, welche offen und freimüthig für ihren Glauben eintreten, als „Dunkelmänner" zu verleumden! Uebersetzungen des Talmud und Schulchan Aruch in lebende Sprachen werden durch Bestechung und gewaltthätige Bedrohung zu hintertreiben gesucht; documentarisch belegte Abhandlungen über diese Gegenstände werden lächerlich gemacht, unterdrückt oder aufgekauft und vernichtet. Und auch im Heraustreten der Juden aus ihren dunklen Kreisen in die lichte sociale Sphäre der christlich abendländischen Völker werden gewisse Mittel der Vorsicht, Heuchelei und Lüge fast niemals außer Acht gelassen. Der Talmud (Tr. Barach f. 17. 1) empfiehlt: „Der Mensch soll allzeit listig sein in der Furcht Gottes"; Bechai (Kad. hac. f. 30. 1) sagt: „Es ist erlaubt, daß der Mensch (Jude) sich gegen Gottlose (Nichtjuden) höflich stelle, ihn ehre und ihm sage, daß er ihn liebe" und wieder der Talmud (Tr. Soda f. 41. 2): „Es ist erlaubt gegen den Gottlosen zu heucheln; die Völker der Welt aber, alle Nichtjuden sind Gottlose". „Dieses System der Lüge", sagt Wahrmund (Ges. b. Nomadenthums, S. 59) „findet seinen höchsten Ausdruck darin, daß im rabbinischen Gesetze (Talmud und Schulchan Aruch) unter den Gründen, welche es gerathen machen, die von Religions wegen pflichtmäßige Feindschaft und Kriegsstellung der Juden gegen die Christen mit dem erlogenen Schein der Güte, Freundschaft und Gefälligkeit zu überkleiden, auch der genannt wird: damit die Juden in den Augen der Christen, nach christlicher Denkweise, als gute Menschen erscheinen und der Judengott im Auge der Christen nicht verunehrt werde!"

Hierher gehört endlich auch jene größte Heuchelei mancher Juden, die sich nur taufen lassen, um hierdurch ihrem Stamme mehr nützen zu können. Denn gerade solche getaufte Juden sind es, die sich ohne Hindernisse dort eindrängen und festsetzen, wo ein Talmudjude niemals Zutritt hätte — sie sind die Pioniere, welche den übrigen Stammesgenossen in die Gesellschaft und das politische Gemeinleben den Weg bahnen.

So ist denn heute für uns die Abwehr des Judenthumes nicht nur eine Pflicht der materiellen Selbsterhaltung, sondern eine allgemeine heilige Christenpflicht. Schädigen die Juden die Christen, so schädigen sie das Christenthum; wollen sie die Christen vernichten, so gehen sie auf die Vernichtung des Christenthumes aus. Der loyale und gesetzliche Kampf gegen die Juden ist also der Kampf für das Heil und den Bestand unserer christlichen Kirche!

## V.
### Das jüdische Gesetzbuch.

Der „Westfälische Merkur" brachte am 16. Januar 1883 einen Artikel über den im Verlage der Paderborner Bonifacius-Druckerei erschienenen „Judenspiegel". Der verantwortliche Redacteur J. Hoffmann wurde angeklagt, in einer den öffentlichen Frieden gefährdenden Weise verschiedene Klassen der Bevölkerung gegen einander aufgereizt zu haben.

Dieser Judenspiegel-Proceß kam am 10. December 1883 vor der Strafkammer des Landgerichtes zu Münster zur Verhandlung, wozu der dortige jüdische Seminarlehrer Treu und der Privatdocent an der kgl. Akademie zu Münster, Dr. Jakob Ecker, als Sachverständige vorgeladen wurden.

Das Urtheil, welches auf Freisprechung lautete, wurde nebst dem Gutachten des Dr. Ecker im „Merkur", in der „Germania" und vielen anderen Blättern veröffentlicht.

Zahlreiche Angriffe, welchen sich Dr. Ecker von jüdischer Seite in der Folge ausgesetzt sah, veranlaßten denselben, sein Gutachten mit dessen vollständiger Begründung der Oeffentlichkeit zu übergeben und zwar unter dem Titel: „Der Judenspiegel im Lichte der Wahrheit. Eine wissenschaftliche Untersuchung von Dr. J. Ecker, Paderborn 1884".

Der Ecker'sche „Judenspiegel" enthält nebst einer Einleitung über die Quellen des jüdischen Rechtes und über die jüdischen Gesetze die Kritik von 100 Gesetzen des Schulchan Aruch und zwar mit Citirung der Belegstellen in hebräischer Schrift nach der Amsterdamer Ausgabe des Schulchan, deren wortgetreue deutsche Uebersetzung und endlich die weiteren hierzu nöthigen Erklärungen nach den rabbinischen Originalen.

Wir geben nachstehend eine kurze Uebersicht über den Inhalt des Ecker'schen Werkes, dessen Studium wir allen verehrten Lesern, welche sich für die Judenfrage eingehender interessiren, auf das Angelegentlichste empfehlen.

Die Quelle des jüdischen Rechtes ist der „Schulchan Aruch", vom Rabbiner Josef Caro (auch Karu) in den Jahren 1540 bis 1564 verfaßt und von Moses Isserles, Rabbiner in Krakau, gestorben 1573, vermehrt und berichtigt. In letzterer Form ist der Schulchan Aruch als das **einzig wahre und bindende jüdische Gesetzbuch** allgemein anerkannt. Hirsch Eisenstadt sagt in seiner Commentar=Vorrede (1857): „Und alle Juden gehen an der Hand des Rabbi Mosche Isserles", was durch einen von 94 Rabbinern unterzeichneten Beschluß einer „heiligen" Rabbinerversammlung bestätigt wird, welche im Herbste 1866 in Ungarn stattgefunden hat. Uebereinstimmend sagt auch Heinrich Ellenberger in seinem „Historischen Handbuch" (Budapest 1883) und zwar im Anhang S. 47: „Seitdem der Schulchan Aruch Wurzel gefaßt und in allen Ländern von den Juden als **allein maßgebendes Gesetzbuch** anerkannt und gewürdigt wird c.". Der Schulchan Aruch zerfällt in vier Abtheilungen, deren erste die Bestimmungen über das tägliche, häusliche und rituelle Verhalten, die zweite die Speise= und Reinigungsgesetze, die dritte die Ehegesetze und die vierte das Civil= und Strafrecht enthält. Der Inhalt der 29 Capitel der vierten Abtheilung giebt eine gute Uebersicht über den hier behandelten Stoff: Richter, Zeugen, Geldleihen; Eintreiben der Schuld (im Allgemeinen), von Waisen, durch Boten oder Bevollmächtigte; Bürgschaft, Besitz von Mobilien, von Immobilien; Schädigung der Nachbarn, Gemeinschaftlicher Besitz, Compagniegeschäft, Boten, Makler, Kauf und Verkauf, Betrug, Schenkungen (im Allgemeinen), von Kranken; Verlorene und gefundene Sachen, Auf= und Abladen gefallener Thiere, Herrenloses Gut, Erbschaften, Aufbewahrung von Sachen, Arbeitsleute, Leihen beweglicher Sachen, Stehlen, Rauben, Schädigungen, Verursachen von Schaden, Gewaltthätigkeit (Schlagen).

Zum besseren Verständnisse der in der Folge streng texttreu angeführten Stellen schicke ich noch voraus, daß die Ausdrücke «Akum» (Sterndiener) und «Goj» (Volk, Heidenvolk), wie im Talmud, so auch im Schulchan Aruch zur Bezeichnung aller Nichtjuden, daher vorzugsweise der Christen, gebraucht werden, wie denn auch Mosche Isserles ausdrücklich bemerkt, daß er zur Zeit seiner schriftstellerischen Thätigkeit (in Krakau) „unter den Akum lebe". Nach dem Talmud, Aboda zara 7b, wird der christliche **Sonntag** zu den „**Festen der Götzendiener**" gerechnet; Sabb. 116a: Rabbi Meir nennt die Bücher der Ketzer Avon gillaion, „weil sie solche Evangelien heißen"; im Schulchan Aruch (Orach chajjim 113. 8) lesen wir: „Wenn Einer betet und es kommt ihm entgegen ein Akum mit einem Kreuze c.", auch Haga zu Jore de 'a 151, 1: „Es ist verboten, zu verkaufen einem Akum Wasser, wenn er daraus Taufwasser machen will" oder endlich: Jore de 'a 159, 160: „Ein Jude darf von einem Juden keine Zinsen nehmen, sondern nur von Akum" und daß unsere Juden thatsächlich von den Christen Zinsen nehmen, sie also als Akum betrachten, braucht wohl nicht erst bewiesen zu werden.

Was noch die Ausgaben des Schulchan Aruch anbelangt, so bestehen deren mehrere authentische, aber auch manche solche, die, wie dies namentlich in Rußland der Fall ist, um bei den Behörden keinen Anstoß zu erregen, corrigirt, d. h. entsprechend gefälscht worden sind (Warschauer, Wilnaer Ausgabe).

Allgemein bekannt ist, daß die Juden sich für eine bessere Menschenrace, für das „auserwählte Volk" halten. Da nun wohl Niemand so naiv sein wird zu denken, daß dieser Eigendünkel sich auf die bekannten körperlichen Racenmerkmale, oder auf ihren geistigen Anlagen, höchstens vielleicht noch auf jene einseitige Richtung zum Betrieb von Geldgeschäften gründe, so ist die Berechtigung zu jenem Glauben nur theils in den religiösen Schriften, theils im Stammesgesetze (Schulchan Aruch) zu suchen. Bei absichtlicher Vermeidung allzu drastischer christenfeindlicher Citate, welche doch nur in einer Polemik am Platze wären, werden die Folgenden schon genügen, um den Hochmuth und die Selbstüberhebung der Juden anderen Völkern gegenüber erklärlich zu machen. So steht im Talmud, Jebamoth 61a, daß „die Akum nicht als Menschen zu betrachten" seien; im Schulchan Aruch, Orach chajjim 55, 20 betreffs des Zusammenstehens beim Kadischgebete: „Manche sagen, es sei nöthig, daß (sie) nicht trenne Koth oder Akum". Orach chajjim 576, 3 stellt bei Besprechung der Pest die Akum den Schweinen nach; in Orach chajjim 225, 10 heißt es: „Wer schöne Bäume oder schöne Geschöpfe sieht, selbst ein Akum oder ein Thier ꝛc."; in der Haga zu Jore de 'a 198, 48: „Die Frauen haben Vorsicht zu gebrauchen ... ..., damit ihnen nicht zuerst eine unreine Sache begegne oder ein Akum". In der Wilnaer Ausgabe heißt es corrigirt, statt Akum: „ein Thier oder ein Vieh". Recht schmeichelhaft!

Daß die Judenpresse jede Gelegenheit wahrnimmt, um der christlichen Kirche mit hämischen Bemerkungen und Verunglimpfungen nahe zu treten, darf uns kaum Wunder nehmen, wenn wir erfahren, in welchen Ausdrücken das „Gesetz" der christlichen Kirche erwähnt. Jore de 'a 146, 14: „Es ist ein gutes Werk für Jeden, der Götzen findet, daß er sie zu Grunde richte und ebenso ist es mit ihrer Bedienung (den Priestern) und

Allem, was für sie gemacht wird"; Jore de 'a 143 schreibt betreffs des Neubaues neben einer christlichen Kirche vor, daß das Haus des Juden nicht daran anstoßen dürfe, sondern man „ein wenig wegziehen und den Zwischenraum mit Menschenkoth und Dornen ausfüllen" solle; Orach chajjim 224, 2: Jeder Jude ist verpflichtet, wenn er bei einer verfallenen christlichen Kirche vorbeigeht, zu sagen: „Gelobt seist du, Herr, daß du dies Götzenhaus von hier ausgerottet hast".

Besser kommen im Schulchan Aruch jene Herren Liberale weg, welche einer materialistischen Weltanschauung huldigen. Diesbezüglich heißt es in Jore de 'a 148, 5: „Es ist verboten zu schicken ein Geschenk einem Akum an ihren Festtagen (Weihnachten, Neujahr), außer wenn man weiß, daß er nicht glaubt an die Götzen und ihnen nicht dient". Ein solches Geschenk bedeutet also auf Seiten des Spenders in der Um= schreibung: „Spiegelberg, ich kenne Dich". Auch darf man sich nicht wundern, daß unsere jüdischen Mitbürger in Gemeinschaft mit jenen Spiegelberg's den religionslosen Staat, insbesondere die religionslose Schule und eine möglichst zahlreiche Vertretung der Juden im Lehrer= stande anstrebten; denn in der Haga zu Jore de 'a 153, 1 heißt es: „Nicht soll man ihnen (den Akum) anvertrauen ein Kind, um es in der Wissenschaft zu unterrichten. . . ., weil sie es verleiten zur Häresie (Abfall vom Glauben)". Freilich fürchten die gläubigen Christen, und mit Recht, dasselbe jetzt wieder für ihre Kinder in der liberalen Schule.

Auch daß wir von den Juden in den uns Nutzen oder Vortheil bringenden Bestrebungen keine warme Unterstützung finden, wird uns in Hinkunft keine Enttäuschung mehr bereiten, wenn wir noch nachstehende Stellen kennen gelernt haben, und zwar Choschen ha-mischpat 227, 1 und 26: „Es ist verboten zu übervortheilen seinen Nächsten, sowohl beim Kaufen als beim Verkaufen; aber beim Akum gibt es keine Uebervortheilung, denn es heißt: ‚Einer seinen Bruder ꝛc.'"; Haga zu Ch. ha-m. 156, 5: „. . . denn das Geld der Akum ist wie herren= loses Geld und Jeder, der zuerst kommt, nimmt es in Besitz"; Ch. ha-m. 226, 1: „Den verlorenen Gegenstand des Akum darf man behalten, denn es heißt: ‚Das Verlorene Deines Bruders ist zurück= zugeben'; ja wer ihm (dem Akum) zurückgibt, begeht eine große Sünde". Haga zu Ch. ha-m. 348, 2: „Der Irrthum eines Akum, z. B. ihn zu übervortheilen im Rechnen, oder ihm nicht zu bezahlen, was man schuldet, ist erlaubt; aber nur unter der Bedingung, daß er es nicht gewahr werde, damit der Name (Gottes) nicht entheiligt wird". Letzteres mögen sich alle Zahlkellner in Gast- und Kaffeehäusern zur Warnung dienen lassen!

Das „eigenthümliche" Verhalten betreffs des fallweise gestatteten Meineides und des Nothschwurs nach der Haga zu Jore de 'a 329, 1, sowie die klugen Vorschriften zur gleißnerischen Unterwürfigkeit gegen die Mächtigen und die Könige der Akum wollen wir nur der gefälligen Kenntnißnahme unserer Rechtsgelehrten und Staatsmänner empfehlen und so verzichten wir auf weitere Citate, indem wir dem Schlußsatze des Hamangebetes (Schulchan Aruch chajjim 690, 16): „Verflucht seien alle Akums, gesegnet alle Juden" die versöhnenden Worte unseres gekreuzigten Heilandes (Luc. 23, 34) folgen lassen: „Vater, vergib ihnen, denn sie wissen nicht, was sie thun!"

Bedenkt man aber, wie im modernen Staate jedes primitive Schulbuch, die Statuten der harmlosesten Vereine, von Clubs und Casinos, oft nur zu geselligen Zwecken, einer strengen behördlichen Begutachtung und steten polizeilichen Ueberwachung unterliegen, so ist es geradezu unbegreiflich und kann nicht genug bedauert werden, daß der so überaus wichtige, in alle socialen, wirthschaftlichen und rechtlichen Verhältnisse so tief eingreifende jüdische Rechtscodex unseren Juristen, selbstverständlich mit Ausnahme der jüdischen, eine terra incognita ist. Welche werthvollen Aufschlüsse über die leitenden Motive, über das jeweilige Verhalten in Fällen der Civil- und Strafrechtspflege könnten insbesondere unsere Richter aus der genauen Kenntniß jener Vorschriften schöpfen! Man könnte noch weiter gehen und behaupten, daß, wenn constatirt ist, wie einzelne Gerichte allein schon in der texttreuen Veröffentlichung gewisser authentischer Stellen aus dem Talmud und Schulchan Aruch eine Aufreizung zur Feindseligkeit zwischen verschiedenen „Confessionen" oder Nationalitäten entdecken konnten, sämmtliche Juden durch die thatsächliche Befolgung eben derselben Gesetzesstellen unzweifelhaft sich fortgesetzter Verbrechen und Vergehen zum Nachtheile des christlichen Volkes schuldig machen. Andererseits jedoch dürfte man, so lange die Staatsgewalten sich nicht bewogen fühlen, hier vermittelnd einzutreten, den einzelnen Juden ihr „gesetzmäßiges" Verhalten nicht unbedingt zum Vorwurfe machen, wenn man weiß, welche hohe Bedeutung, welche bindende Kraft sie jenem „Gesetze" beilegen, von dessen Grundsätzen ihr ganzes Wesen durchdrungen ist, ihr ganzes Thun und Lassen bestimmt wird und dessen strenge Befolgung ihnen von den

Rabbinern als das sicherste Mittel zur Erlangung der versprochenen „Weltherrschaft" hingestellt wird.

Uebrigens würden selbst die strengsten Maßregeln zur Unterdrückung jener christenfeindlichen Gesetze, sowie jener „Moral" engherzigster Selbst= sucht keinen praktischen Werth haben. Dieselben Leitmotive und Grund= sätze würden bei den Juden durch Tradition von Geschlecht zu Geschlecht übertragen werden, wie dieses bekanntlich in Spanien zur Zeit der In= quisition geschehen ist, um dann unter günstigeren Verhältnissen in alter Kraft wieder aufzuleben. Das Stammgesetz der Juden bildet heutzutage einen so integrirenden Bestandtheil ihrer natürlichen Veranlagung, daß Professor Gans vergleichsweise von seinen Stammesgenossen mit Recht sagen konnte: „Und wenn sie auch getauft sind, so stinken sie doch bis in die zehnte Generation".

---

## VI.
### Naturgeschichtliche Aphorismen.

Während nach Brehm (Thierleben. I. Theil, S. 645) das Gerippe des großen Schäferhundes keinerlei Abweichung, die äußere Erscheinung nur geringe Unterschiede von jener des Wolfs aufweist — wie ver= schieden sind doch deren Eigenschaften und natürliche Triebe! Der Schäfer= hund ein uneigennütziger, treuer Wächter und todesmuthiger Vertheidiger seiner Heerde; der Wolf ein schlauer, grausamer, nimmersatter Räuber, der, selbst jung in Menschennähe aufgezogen, nie ganz gezähmt werden und niemals seinen angestammten blutgierigen Instinkt verleugnen kann.

Den Iltis (Brehms Thierl., II., S. 80), der in einem Hühnerstall oft Alles mordet, was er nur erreichen kann, macht man unschädlich, wo und wann man ihn findet, weil er gemeingefährlich ist und nicht erst, wenn man ihn auf frischer That ertappt.

Den Hamster (Brehms Thierl., II. Th., S. 368), der mehr Korn in seinem Bau zusammenschleppt, als er überhaupt verzehren kann, macht man unschädlich, wo und wann man ihn findet, weil er gemeinschäd= lich ist und nicht erst, wenn man ihn mit gefüllten Backentaschen seiner Vorrathskammer zueilen sieht.

Haeckel sagt in seinen Vorträgen aus dem Gebiete der Entwickelungs= lehre: „Die socialen Instinkte der Thiere sind von bekannter Seite neuer= dings als die Urquellen einer gewissen Moral auch für den Menschen in Anspruch genommen worden. Um uns von der bewunderungswürdigen

Macht des thierischen Pflichtgefühls zu überzeugen, brauchen wir nur einen Ameisenhaufen zu zertrümmern. Da sehen wir sofort inmitten der Zerstörung Tausende eifriger Staatsbürger nicht mit Rettung ihres eigenen Lebens beschäftigt, sondern mit dem Schutze des theueren Gemeinwesens, welchem sie angehören. Muthige Krieger setzen sich zur Gegenwehr, Pflegerinnen der Jugend retten die Puppen, auf welchen die Zukunft des Ameisenstaates beruht und emsige Arbeiter beginnen sofort mit unverdrossenem Muthe die Trümmer wegzuräumen und die Wohnungen neu einzurichten."

Diese Sittlichkeit ist wohl den meisten Arten der Ameisen angeboren, fehlt jedoch wieder jenen einzelnen Arten vollständig, welche „keine Nester bauen" und von Brehm, 9. Bd., S. 259 als Gast- und Raubameisen bezeichnet werden. Eine solche rothe Art raubt die Larven anderer Ameisen, wobei sie sich ungemein frech und bissig zeigt, „aber dabei so arbeitsscheu ist, daß sie verhungern müßte, wenn sie nicht von ihren Sklaven gefüttert würde". So ist auch den Juden das instinctive Streben angeboren, auf Kosten Anderer zu sammeln, jedoch in der Gefahr für das Gemeinwesen nicht letzteres, sondern nur ihre eigenen Werthe und ihr eigenes Leben in Sicherheit zu bringen; denn dem Juden fehlt unter Anderem das allen übrigen Völkern angeborene Heimathsgefühl ebenso wie das Ehrgefühl der arischen Stämme und die Juden erweisen sich schon dadurch als eine ethische Mißgeburt und ein zersetzendes Ferment in der arisch-christlichen Gesellschaft.

Deshalb darf aber auch der Staat den Inhalt einer fremden „Moral", sowie besonderer Stammesgesetze nicht ignoriren und also noch weniger die fremde Race selbst, wenn diese sich als die Verkörperung christenfeindlicher Tendenzen darstellt. Und dies trifft bei den Juden zu, deren Nationalvorschriften eine directe Kriegserklärung gegen jedes andere Volk darstellen und der Race eigenthümlich sind; denn „Jude sein" heißt seinen Vortheil der ganzen übrigen Welt feindselig entgegenstellen und dieser gegenüber keine Moral gelten lassen als nur den Gewinn Israels.

„In Ostindien gab es einst eine Secte der Thugs, welche den Raubmord als verdienstlich hinstellte und zum religiösen Dogma erhoben hatte. Hätte man etwa der englischen Regierung zumuthen sollen, daß sie im Sinne jüdisch-liberaler Gleichberechtigung einen, wenn auch thatsächlich vielleicht noch unschuldigen Bekenner jenes Dogmas zu einem öffentlichen Amte, etwa zum Richter oder Lehrer berufen solle? Hätte eine moderne Regierung über die Gemeingefährlichkeit einer solchen Secte, nur um der heuchlerisch-liberalen Phrasen willen, einfach blind hinweggehen dürfen? Die Engländer behielten das Wohl der großen Menge eines moralisch friedlichen Volkes im Auge und ließen die Thugs einfach hängen, nicht nach den Beweisen des individuellen Verschuldens jedes Einzelnen, sondern über den bloßen Nachweis der Zugehörigkeit zu jener gefährlichen Secte." (Naudh, Die Juden und der deutsche Staat, 11. Auflage.)

## VII.
### Judenreine Christenschulen.

In den meisten europäischen Staaten ist der Ruf nach socialen Reformen, nach Schutzvorkehrungen für den Bauern- und Handwerker- stand, nach Einschränkung der das ganze wirthschaftliche Leben vergiftenden Speculation ein so bringender geworden und die Ueberzeugung von der Nothwendigkeit solcher Maßregeln ist in der großen Masse des Volkes eine so allgemeine und fest begründete, daß heute jede politische Fraction mit diesen Verhältnissen zu rechnen genöthigt ist. Auch die afterliberalen Parteien, welche, bis vor Kurzem jeder Reform abhold, nur bestrebt waren, den gegenwärtigen, einem ungestörten Betriebe ihrer eigennützigen manchesterlichen und capitalistischen Tendenzen so günstigen Zustand mög- lichst zu stabilisiren, sahen sich zur Aufrechthaltung ihres politischen Rufes veranlaßt, sich selbst auch als Anhänger eines socialreformatorischen Programmes aufzuspielen, welches bisher aufrichtig nur durch die streng christlichen und conservativen Kreise im „staatserhaltenden" Sinne vertreten war. Obgleich jene „Liberalen" selbst, wie auch, deren Gegner von vornherein überzeugt waren, daß jenes neue Aushängeschild nur auf eine gewöhnliche „Bauernfängerei" berechnet war, so sahen sich die Re- gierungen durch die ganz merkwürdige äußerliche Uebereinstimmung der beiderseitigen Parteiprogramme doch veranlaßt, nun auch ihrerseits die Berathung der so nothwendigen socialen und wirthschaftlichen Reformen bei möglichster Hintansetzung nationaler und sonstiger Partei-Interessen den versammelten Reichsboten dringend ans Herz zu legen. Heute weiß aber schon Jedermann, daß eine Regierung auf dieser Grundlage eine feste Majorität nicht gewinnt, wie auch, daß die christlichen Reform- parteien weder von Seiten der Regierung und noch weniger von Seiten der Liberalen für die thatsächliche Verwirklichung der ersehnten Re- formen auf eine ernstgemeinte Unterstützung rechnen dürfen. Die ablehnende Haltung, welche jüdische Wortwitzler und deren angeknechtete Söldlinge gegenüber den oft ausgezeichneten, ebenso maßvollen wie sachlichen Ausführungen von Abgeordneten christlich-socialer oder antisemitischer Richtung eingenommen haben, mußte schon den greifbaren Beweis liefern, daß das Reformprogramm der Afterliberalen nicht höher als ein schamloses Wahlmanöver anzuschlagen sei.

Daß unter solchen Verhältnissen die Aussicht eine sehr geringe ist, jetzt schon den Ausschluß jüdischer Lehrer aus den zumeist von christlichen Kindern besuchten Schulen zu erzielen, beziehungsweise eine entsprechende Aenderung der betreffenden Schulgesetze zu erlangen, ist begreiflich. Und doch hatte der Schöpfer selbst eines solchen Gesetzes in Oesterreich, „der Vater der Neuschule", der kürzlich verstorbene Minister Hasner, bei der Schuldebatte im österreichischen Herrenhause am 31. Mai 1868 im Namen der Regierung erklärt: „Ein Lehrer kann nicht als befähigt betrachtet werden, wenn sein Bekenntniß von jenem des gesetzlich bestellten Religionslehrers abweicht". Leider wurde aber diese Zusage in der Folge nicht eingehalten. Wie eben gewisse „freiheitliche" Grundsätze nur einen Köder zu Lug und Trug abgeben, zeigt sich wohl nirgends greller als in der Einrichtung der „confessionslosen" Neuschule.

Während nämlich die Gewissensfreiheit als die vornehmste Errungenschaft der liberalen Aera gepriesen wird, so werden gläubige christliche Eltern heute gezwungen, in den zu 95 Procent aus den Steuergeldern christlicher Staatsbürger unterhaltenen Schulen ihre Kinder von jüdischen Lehrern unterrichten und „religiös-sittlich" erziehen zu lassen. Wollte man mit grausamstem Vorbedachte die peinlichste Pflichtencollision schaffen, so wird man einen aller Freiheit mehr hohnsprechenden, jedes religiössittliche Gefühl mehr empörenden Gewissenszwang entschieden nicht zu ersinnen im Stande sein.

Ohne diesmal das religiöse Gebiet zu berühren, wollen wir hier die Berechtigung der Juden zum Lehramte in christlichen Schulen von einer mehr praktischen oder realistischen Seite erwägen. Jedermann weiß, daß eine trocken bureaukratische und pedantische Behandlung der Lehrstoffe wenig günstige Erfolge verbürgen kann. Um die Aufmerksamkeit und den guten Willen der Schüler zum Lernen rege zu erhalten, muß der Lehrer die Achtung, das Vertrauen seiner Schüler gewonnen haben, er muß auch auf ihr Gemüth einwirken können. Wenn nun Juden (Gans, Sittenfeld u. A.) selbst zugestehen, daß sie das nicht besitzen, was der Deutsche mit „Gemüth" bezeichnet, daher sie in dieser Richtung auch keinen Einfluß äußern können, so halten sie sich überdies in traditioneller Selbstüberhebung für das „Auserwählte Volk", welches anderen Nationen gegenüber zu keinerlei Zugeständniß verpflichtet, sondern Alles nur für sich in Anspruch zu nehmen berechtigt ist. Daß wir aber den Juden diese Prärogative nicht gelten lassen können, gründet sich einerseits darauf, daß, wie schon im vorletzten Capitel erwähnt wurde, nach christlicher Lehre mit dem Auftreten des Messias auf Erden jene „Auserwähltheit" überhaupt ihr Ende gefunden, andererseits darauf, daß bekanntlich die Begriffe über körperliche Schönheit und Tüchtigkeit, sowie über geistige Veranlagung bei den verschiedenen Menschenracen durchaus nicht übereinstimmen, so daß das Auge des Germanen im Juden nur eines der mißlungensten Erzeugnisse der Natur sehen kann, wie ja dies auch durch die bekannten Ergebnisse der Militär-Assentcommissionen nur bestätigt wird. Zudem fehlt dem Juden gänzlich jene Auffassung der persönlichen Ehre, welche der Germane seinem Leben zu Grunde legt: Unter Druck ist der Jude kriechend, bei Nachsicht frech; wo er verdient, kann er nicht beleidigt werden und wo er bezahlt, hält er Alles für erlaubt.

Als Deutsche können wir uns sagen, daß unser germanischer Volksstamm in Mitteleuropa, sowie der Angelsachse in England und Nordamerika der Träger der Cultur und Gesittung der Gegenwart ist. Die ererbten, angeborenen und anerzogenen Vorzüge in körperlicher und geistiger Hinsicht: Die Leistungsfähigkeit und Ausdauer in schwerer Arbeit, der persönliche Muth, die Treue und Redlichkeit, das gründliche Denken und Wissen, ein ideal sittliches Streben und alle im wahren Christenthum wurzelnden Tugenden haben den germanischen Stamm heute zum kräftigsten, machtvollsten Volke der Erde gemacht, wahrlich Grund genug, um auf unserer so bewährten Eigenart zu beharren, sie zu fördern und vor allen störenden Einflüssen zu bewahren. Wir bitten unsere verehrten Leser, selbst zu prüfen, welche der vorgenannten Eigenschaften sie auch beim Juden vertreten finden und Ihres Urtheils sicher, behaupten wir, daß es zur Racenehre der arischen Völker gehört, ihre Angehörigen nicht von Leuten unterrichten und erziehen zu lassen, deren Charakter und Sinnesrichtung jener der christlichen Nationen geradezu widerspricht; denn der Racengegensatz reicht hier noch viel weiter als die Verschiedenheit der Religion. So würde Jeder, der in Amerika einer germanischen oder romanischen Bevölkerung zumuthen wollte, den Unterricht ihrer Kinder Negern oder Rothhäuten anzuvertrauen, selbst wenn diese Christen wären, einfach in ein Irrenhaus gesperrt werden.

Allerdings hat schon manche berufenere Feder (Dühring, Wahrmund, Bischof Dr. Martin) grundhältig nachgewiesen, wie der Judenglaube, beziehungsweise die Grundsätze des Talmud im Gegensatze zur christlichen Moral nur geeignet sind, alle idealen Regungen eines jugendlich=empfänglichen Gemüthes zu ersticken und zu zerstören. Daß aber, wie wir früher erörtert haben, einzig und allein im Wesen der christlichen Religion die Bedingungen für eine fortschreitende Veredlung des ein=zelnen Menschen wie ganzer Völker, daher auch zur Verwirklichung einer universellen Culturmission gegeben sind, wird von den Angehörigen eng=herziger National= oder Stammesreligionen einfach geleugnet oder todt=geschwiegen, und dies war auch der bestimmende Grund, warum erst in jüngster Zeit ein Erlaß der preußischen Regierung zu Münster den jüdischen Lehrern untersagt hat, den Unterricht in der Geschichte zu er=theilen, „weil diese von Juden nicht in rechter Weise gelehrt werden könne“.

Gerade der universelle Charakter der christlichen Religion bringt es mit sich, daß innerhalb derselben Menschen der verschiedensten Racen und der verschiedensten Berufsstände neben einander leben und wirken können, während jede Stammesreligion ein solches friedliches Zusammen=sein von vornherein ausschließt, weil der Racenglaube seinen Angehörigen stets eine bevorzugte Stellung in der menschlichen Gesellschaft bei gleich=zeitiger Zurücksetzung Andersgläubiger vindiciren will. Während also die christliche Religion die weitgehendste Toleranz übt, so zeigt die Erfahrung, daß jeder Stammesreligion, dem Islam, dem Judaismus, dem Buddhaismus u. A., eine gewisse unbesiegbare Unduldsamkeit gegen alle Andersgläubigen anhaftet.

Zudem ist jeder Stammesglaube mit den socialen Stammesgesetzen so enge verbunden, daß diese getrennt nicht zum Ausdrucke gelangen können. Letzterer Umstand bedingt auch speciell bei den Juden in dem christlich=arischen Gemeinwesen das beständige Schwanken zwischen den Be=griffen „Religionsgenossenschaft“ und „Nationalität“, welche hier zusammen=fließen, während sie bei anderen Völkern scharf abgegrenzt bleiben. Während wir nämlich eine christliche Religionsgenossenschaft nur durch die Träger der höchsten kirchlichen Würden vertreten sehen, so tritt die israelitische Religionsgenossenschaft im staatlichen und socialen Leben unter dem Schutze von Koryphäen auf mit Namen wie Rothschild, Hirsch, Bleichröder, Königswarter, Schey, Tedesco ꝛc., was also den Besitz von Millionen als das vollgültigste Criterium eines „guten“ Juden der Jetzt=

zeit erscheinen läßt, aber unwillkürlich und in fataler Weise auch die Erinnerung an den Cultus des „goldenen Kalbes" nahe legt. Und wie eine christliche Religionsgenossenschaft im Ganzen aus Bauern, Handwerkern und Leuten aller erdenklichen Berufsstände und gesellschaftlichen Stellungen zusammengesetzt erscheint, so zeigt dagegen die jüdische Religionsgenossenschaft keinen einzigen Vertreter wirklich productiver Stände und ist, vom Schnaps- und Trödeljuden angefangen, ausschließlich nur auf einen direct auf Geldgewinn bedachten, engbegrenzten Kreis beschränkt.

Während die christliche Religionsgenossenschaft durch ihre Moral der Sittenreinheit, Demuth und Entsagung Proselyten macht und sich ausbreitet, so charakterisirt und festigt sich die jüdische Religionsgenossenschaft gerade durch den **Mangel und das Vermeiden dessen, was wir christliche Moral nennen.**

Da wir übrigens hier mit der vom religiösen Standpunkte aus gebotenen Ausschließung von Judenlehrern aus Christenschulen uns nicht eingehender befassen wollen, so erübrigt nur noch, den früher angedeuteten Bedenken wegen des Racencharakters Einiges beizufügen. Wie die sorgfältig bewahrte Unvermischtheit und Abgeschiedenheit der Juden von jedem anderen Volksstamme die körperlichen Racenmerkmale so ausgeprägt und befestigt hat, daß diese seit Jahrtausenden sich vollkommen gleichgeblieben sind, so sind die Charakterschilderungen der alten Schriftgelehrten und Geschichtsschreiber auch heute noch durchaus zutreffend. So sagt der Talmud Beza 25 b: „Schamlose Frechheit ist das Merkmal aller Juden", Talmud Tr. Succa 52a: „Der Trieb zur Unzucht und zum Verbrechen ist bei den Juden viel heftiger und kommt mehr zum Vorschein als bei allen übrigen Völkern der Erde", was durch die **statistischen Ausweise der Strafgerichte auch jetzt voll** bestätigt wird; Tacitus (Buch V, Kap. 5) schildert sie als einen Volksstamm, der sehr zur Sinnlichkeit geneigt ist (projectissima ad libidinem gens), gegen alle anderen Völker einen feindseligen Haß hege (adversus omnes alios hostile odium) und deren Gebräuche widersinnig und schmutzig seien (Judæorum mos absurdus sordidusque). Wir überlassen es wieder unseren Lesern, die Beobachtungen des Tacitus, welcher übrigens die Deutschen als Muster guter Sitte den Römern als Vorbild hinstellt, bezüglich der Eigenschaften der Juden auf ihre Richtigkeit zu prüfen und sich dann selbst zu sagen, ob es angeht, unsere Kinder Jugendbildnern dieses Stammes anzuvertrauen, eines Stammes, der seit Jahrtausenden die eingefleischte Selbstsucht vertritt und stets nur unter Belästigung anderer Völker leben konnte. Wo bleibt denn da die Bürgschaft für das vom Schulgesetze geforderte Criterium der „sittlichen" Erziehung? Was aber endlich noch Wissenschaft und Kunst anbelangt, so hat hier der Jude sich niemals als schöpferisch erwiesen, wie er auch auf technischem Gebiete keine Entdeckung oder Erfindung zu verzeichnen hat. Die Ursache liegt in der grob materiellen Richtung seines Geistes, dem der uneigennützige Thätigkeitstrieb fehlt, der allein zur selbstlosen Wahrheit führt. Große Forscher und Künstler sind dies nur dadurch gewesen, daß sie mit ihrer Denkweise über dem gemeinen Interesse erhaben waren, oft bis zur Hinwegsetzung über das, was man gemeiniglich „Lebensglück" nennt. Der Jude zeigt hiervon gerade das Gegentheil; er will auch hier ohne viel Arbeit leicht verdienen, und beutet fremden Geist so aus wie fremdes Gut. Wo er versucht, selbstschaffend aufzutreten, kommt er über die Verhöhnung echten Nationalgeistes und idealer Ethik anderer Völker, sowie über das Aechzen und Stöhnen eigenen Ungenügens und eigener Zerfahrenheit nicht hinaus, wie dies auch der geistvolle Dr. Brunner in seinem jüngst erschienenen Werke „Zwei Buschmänner" (Börne und Heine) in treffendster Weise geschildert. Wir aber fordern für die christlichen Schulen solche Lehrer, die nicht im Ableugnen und Bekritteln des Edlen und Guten, sondern in der Achtung vor allem Ernsten und Großen unsere Kinder heranbilden, Lehrer, welche unserer Religion, unserer angestammten Sitte in Allem und Jedem die Ehre geben. Wie der verstorbene Minister Hasner, der Schöpfer der Neuschule in Oesterreich, es versprochen hat, so wollen auch wir unsere Kinder zu Christen und Deutschen, aber nicht zu Juden erziehen lassen. Die deutsche Schule aber, in welcher der Jude sich einnistet, müßte eben so sicher dem Verderben entgegengehen wie ein Haus, welches vom Schwamm befallen wurde.

## VIII.
### Alter und neuer Adel.

Wie das so verlockende Schlagwort „Freiheit" der Afterliberalen in der That nur als Deckmantel für die eigennützige Ausbeutung und schrankenlose Uebervortheilung ganzer Völker durch eine geldgierige Kaste mißbraucht wird, so hat auch die „Gleichheit" und „Gleichberechtigung" derselben Liberalen sich als ein wahrer Hohn auf die allgemeinen Menschen=

rechte erwiesen. Die angebliche Forderung der Gleichberechtigung war es auch, welche in Oesterreich jene schroffen Gegensätze der Nationalitäts=bestrebungen geschaffen hat, deren „Ausgleich" in einer für alle Be=theiligten zufriedenstellenden Weise wohl zu den schwierigsten Aufgaben moderner Staatskunst zu gehören scheint. Wenn schon die Gleichheit vor dem Gesetze bekanntlich schwer durchzuführen ist, so ist eine gesell=schaftliche Gleichheit schon gar nicht denkbar. Hatten die Liberalen wohlbewußt die „Gleichheit" nur als Köder behufs leichterer Erreichung ihrer selbstsüchtigen Zwecke ausgeworfen, so schwebt dieselbe dagegen mehr unbewußt heute noch den Socialdemokraten als phantastisches Traum=gebilde oder Irrlicht vor, das wohl zum knabenhaften Nachjagen reizen, aber später nur bittere Enttäuschungen bringen kann.

Die Gleichheit aller Menschen widerspricht aber auch den Lebens= und Entwickelungsgesetzen der ganzen organischen Welt. Wer auf dem Boden der naturwissenschaftlichen Weltanschauung steht, erkennt gerade in der Ungleichheit der Lebewesen den Anstoß zu aller Entwickelung und Vervollkommnung, und ebenso fordert die christliche Ethik eine natürlich gegliederte Gesellschaftsordnung, innerhalb welcher jedem Stande seine socialen, politischen und wirthschaftlichen Aufgaben zugewiesen sind, für deren Durchführung der nationale Besitz aufzukommen hat. Die Un=gleichheit ist also ebensosehr Natur= als Sittengesetz und aus dieser schöpft die Aristokratie ihre Berechtigung. Auch daß dieselbe einen erblichen Stand bildet, erklärt sich durch die als richtig bewährte Beobachtung, daß Eigenschaften der Stammeltern auf ihre Nachkommen übergehen. Wenn wir nun einerseits die Aristokratie als eine natürliche und darum unvermeidliche Einrichtung der Menschheit anerkennen, so geschieht dies anderseits jedoch nur unter der Voraussetzung, daß dieselbe aus dem besten und tüchtigsten Menschenmateriale des Volkes bestehe. Soll also eine Adelskaste berechtigt erscheinen, so muß sie eine anthropologische Begründung ihrer Ansprüche nachweisen. Sie muß ursprünglich aus einer auserlesenen Gruppe hervorgegangen sein und durch bewußte Zucht=wahl ihre Vorzüge befestigen und vermehren; denn der Charakter, das Ehrgefühl, die Selbstständigkeit, auf welche hier das Hauptgewicht zu legen ist, verbessern sich nur durch die allmähliche Einwirkung der Standes=anschauungen. Die Aristokratie darf aber auch keine eng abgeschlossene Kaste bilden, weil sie sonst der Verkümmerung anheimfällt und an dem Tage, wo ihre Gegner merken, daß sie nicht mehr die Vorzüge der an=gestammten Race verkörpert, ihr Ansehen einbüßt. So wird sie auch zu ihrer Ergänzung und Verjüngung, sobald im Volke eine Individualität auftaucht, welche Proben einer besonderen Ueberlegenheit liefert und die große Menge zur Anerkennung ihrer höheren Veranlagung zwingt, sich beeilen müssen, derselben ihre Reihen zu öffnen und sie einzuverleiben. Während der Ursprung des ältesten germanischen Adels in die Zeit der mit der Völkerwanderung verbundenen Eroberungszüge fällt, so daß der französische Uradel fränkisch und burgundisch, der spanische west= gothisch, der italienische vandalisch und longobardisch, der englische nor= männisch — alle daher germanisch waren, datirt die Bildung des slavischen und ungarischen Nationaladels aus der Zeit der Christiani= sirung der besetzten Länder, sowie die Entwickelung der späteren Adels= geschlechter im übrigen Europa in den Zeiten der Kreuzzüge einen neuen und hohen Aufschwung genommen hat. Daher kommt es, daß durch das ganze Mittelalter bis in die neueste Zeit der Begriff wahren Adels mit jenem der christlichen Tugenden eng verbunden blieb, wie dies auch jetzt noch die Kreuzesform fast sämmtlicher Ritterorden beweist, um welche sich heute allerdings vielfach auch Leute bewerben und drängen, welche auf den ideal=christlichen Sinn mit realistischer Ueberlegenheit herab= sehen, die Erwähnung des Kreuzeszeichens im Parlamente mit höhnischem Lachen begleiten und gegenüber den Geboten des Schulchan Aruch be= züglich des verhaßten Kreuzes (Orach chajjim 113, 8; Jore de 'a 143, 1; auch Talmud Aboda zara p. 47) sich durch die nöthige reservatio men- talis decken. Sicherlich kann ein gewisser Reiz dem Versuche nicht ab= gesprochen werden, den „gelben Fleck" der Ghettozeit durch buntfarbige Ordensbändchen vergessen zu machen. Die Titel und Auszeichnungen, die ein Finanzmann besitzt, sollen ihm nämlich vor der Welt als Be= weise einer tadellosen Vergangenheit gelten; er bedarf solcher Bürgschaften um so mehr, als sein Gewissen sich nicht rein weiß und darum haben jene für ihn einen doppelten Werth.

Im Mittelalter, gerade so wie heute, wenn der Edelmann seiner Standespflichten sich bewußt ist, sollten die Träger alter Namen folgende Eigenschaften im Leben bethätigen, deren Verleugnung den Verlust der Standesehre, das Ausstoßen aus dem Kreise seiner Standes= genossen zur Folge hatte: Erprobten, persönlichen Muth, offen be= kannten Christenglauben, zartestes Anstands= und Ehrgefühl und strengste Rechtlichkeit. Diese Eigenschaften will auch das Volk durch die Vertreter des Adels verwirklicht sehen und der alte Adel hat Recht, darauf stolz zu sein, daß nach der Vererbungstheorie diese von seinen

Vorfahren beobachteten leitenden Grundsätze bei ihm in Fleisch und Blut übergegangen sind. Anderseits kann Jeder, dem die körperlichen und geistigen Eigenthümlichkeiten einer anderen Race bekannt sind, sich leicht selbst sagen, welche Eigenschaften hier übertragen werden und in wie weit diese überhaupt dem einzig richtigen Begriffe von „Adel" entsprechen.

In allerneuester Zeit sehen die modernen Regierungen von den vorerwähnten strengen Criterien des Adelsbegriffes immer mehr ab, wodurch das Ansehen desselben allerdings nicht unerheblich abgeschwächt wird, und so ist zu dem Stammesadel alter Zeit und zu dem Briefadel der letzten drei Jahrhunderte jetzt noch der moderne Finanzadel dazu gekommen. Als Grund der Erhebung in den Adelsstand finden wir jetzt meistens den Reichthum oder langjährige Dienste in Regierungsämtern oder im Heere. Ohne auf letztere Adelstitel weiter einzugehen, wollen wir nur den Geldadel etwas näher in's Auge fassen, dessen „Verdienste" im Amtsblatte meist mit „patriotischem und humanitärem Wirken" bezeichnet werden. Ein witziger Publicist und Stammesgenosse dieser Adelskategorie fragt: „Worin bestand aber jenes patriotische Wirken?" In der Betheiligung an Gründungen neuer Geldinstitute, bei neuen Staatsanlehen. Und worin das humanitäre Wirken? In zwei oder drei hohen Zeichnungen bei öffentlichen Sammlungen, die in den Blättern ausgewiesen wurden. War aber einmal die Standeserhebung im Amtsblatt erschienen, so war's auf einmal mit der Humanität des Betreffenden aus und nur das patriotische Wirken dauerte noch fort, wenn es — rentabel war. — „Wie jeder französische Soldat des ersten Kaiserreiches den Marschallstab in seinem Tornister trug, so trägt heute jeder Jude, der sich aus Polen bis Wien durchschnorrt, ein Adelsdiplom in seinem Bettelsacke."

So ist auch durch Auszüge aus den Adelsmatrikeln constatirt worden, daß während der letzten zwei Decennien in keinem Lande der Welt so viele Juden in den Adelsstand erhoben worden sind wie in Oesterreich. „Und wie gelangt man", fragt Nordau in seinen Paradoxen, „zu so großem Reichthume, der eine Standeserhöhung rechtfertigt? In neuerer Zeit ist man Armee-Lieferant und bestiehlt den Staat, oder Speculant und reißt Hunderttausenden durch verwegene Börsenhandstreiche den mühseligen Sparpfennig aus der ängstlich geschlossenen Faust, oder im reinlichsten Falle Großindustrieller und erpreßt seine Millionen einigen Hundert oder Tausend kümmerlich entlohnten Fabriksarbeitern." —
„Und sehen wir uns diese Geadelten, diese Ritter und Barone an: Nichts

als übermüthige Emporkömmlinge, deren Bildung mit der Vermehrung der Geldcasse nicht in Einklang steht und welche nur die Schattenseiten des alten Adels oft bis zur Lächerlichkeit nachahmen, ohne dessen Tugenden zu besitzen. Selbst wir Juden haben keine Ursache auf sie stolz zu sein."

Auch Baron Oppenheimer in seinem Buche «Austriaca» bemerkt, daß das Ansehen des Adels überhaupt unverschuldet dadurch gelitten hat, daß viele „Emporkömmlinge des beweglichen Capitals jüdischen Bekenntnisses" in der liberalen Aera Gelegenheit gefunden haben, den Ritter- oder Freiherrenstand zu erlangen. Er schildert den sittlich schädigenden Einfluß seiner Glaubensgenossen auf socialem Gebiete, „indem dieselben anstatt die Welt mit ihrem schnell erworbenen Reichthume zu versöhnen, vielmehr denselben herausfordernd zur Schau tragen, so daß es scheine, als ob sie Alles für erlaubt und Alles für käuflich halten. Und ein Theil der Aristokratie, statt seine hohe sociale Aufgabe zu erfüllen, läßt sich die Führung eines lebenslustigen Vergnügungsadels gefallen, welcher nebstbei an einer Vermischung des alten Adels mit der modernen Plutokratie, und zwar schon mit einigem Erfolge arbeitet". Ueberdies hatte sich in der Zeit des „volkswirthschaftlichen Aufschwunges" ein anderer Theil des Adels bewußt und unbewußt in den Dienst jüdischer Interessen gestellt und Speculanten hatten hohe und niedere, theilweise verarmte Aristokraten gegen entsprechende Betheiligung zu ihren Finanzoperationen herbeigezogen; denn eben der Unterschied im Wesen des alten und neuen Adels ist der Grund, um solche gewagte Gründungen durch die Träger alter Namen in der Oeffentlichkeit empfehlen zu lassen. Wenn nun einerseits die Leichtgläubigkeit oder der Leichtsinn dieser Herren aufrichtig beklagt werden muß, so gibt diese Erscheinung dem jüdischen Großcapitale selbst das beredteste moralische Armuthszeugniß, weil sie beweist, wie die gewissenlosen Gründer sich wohl bewußt waren, daß sie unter der eigenen Flagge der bekannten Stammeseigenschaften kaum irgend einen Erfolg zu verzeichnen gehabt hätten.

Eine nicht minder bedauerliche, jedenfalls noch unbegreiflichere Verirrung ist aber die Betheiligung der Träger bekannter Adelsnamen an dem kürzlich in Wien gegründeten Vereine zur Abwehr des Antisemitismus. Da der Antisemitismus die Stellungnahme, den Schutz gegen das Uebergewicht der Juden und den ausbeutenden Capitalismus auf dem socialen, politischen und wirthschaftlichen Gebiete des einheimischen christlichen Volkes bedeutet, so kann ein Verein mit gegentheiligem

Zwecke jedoch nur die Förderung und Festigung der Judenherrschaft bei gleichzeitig sich ergebender Unterdrückung des Christenvolkes beabsichtigen, und an solch' selbstmörderischem Thun betheiligen sich heute in Wien nebst einem Fürsten Metternich und Wrede auch mehrere Grafen, wie Hoyos, Kinsky, Wilczek, Zichy und Andere, wobei wir der zahlreichen Barone deshalb nicht gedenken, weil bekanntlich in Oesterreich, in absteigender Rangsordnung, beim Baron schon der Jude anfängt, daher viele derselben in jenem Vereine wohl nur pro domo sua einstehen dürften.

Die große Menge des Volkes hat übrigens gesunden Sinn genug, um durch solche Trugbilder sich nicht täuschen zu lassen. Tausende von christlichen und vaterlandstreuen Herzen schlagen dankbar jenen hohen Herren entgegen, welche frei von jedem Eigennutz und Streberthum die Nothwendigkeit der Socialreform auf christlicher und nationaler Grundlage fordern und welche in richtiger selbstbewußter ethischer Würbigung der praktischen Aufgaben ihres Standes für die Rechte und das Wohl des einheimischen Volkes offen und aufrichtig eintreten; die dagegen gezielten schwarzgalligen und schalen Wortwitze der ehrgeizigen Vertreter des Capitalismus aber reichen über den Beifall der nächsten Auftraggeber nicht hinaus.

## IX.
### Die Juden als Aerzte.

Ein unlängst veröffentlichter Bericht über sociale Zustände Deutschlands und Oesterreichs brachte unter Anderm folgende Mittheilungen: „In den letzten Jahren treten die Juden immer mehr als Aerzte und Advocaten hervor, also in zweien der einflußreichsten Berufsstände. In Wien ist fast die Hälfte aller Aerzte jüdischer Abkunft und Ende 1889 befanden sich im Wiener allgemeinen Krankenhause unter 30 Secundarärzten 29 Juden. Diese Vermehrung erfolgt theils durch Zuzüge aus Ungarn, Galizien und Rußland. Vielfach wird bereits über eine weitgehende Corruption des Aerztestandes in Verbindung mit Apothekern und Geheimmittel-Fabrikanten geklagt und es ist Thatsache, daß viele Aerzte ihren Beruf immer geschäftsmäßiger betreiben und lediglich die Absicht erkennen lassen, sich thunlichst rasch zu bereichern, indem sie nach bekannten manchesterlichen Grundsätzen von der Noth und dem Unglück ihrer Mitmenschen leben und statt die Krankheiten derselben zu heilen, dieselben nur in die Länge ziehen." Beizufügen wäre noch, wie die Juden es verstehen, ihre christlichen Patienten in „Zwickmühlen" zwischen Stadt- und Badeärzten, zwischen Consiliariern und Specialisten auszubeuten und wie sich viele derselben percentual vereinbarter Honorare von Seiten jener Apotheker zu versichern wissen, welchen sie zu verdienen geben. Allerdings verspricht in solchem Falle der betreffende Arzt, daß er durch seine nach Qualität und Quantität ad hoc gesteigerte Arznei= verschreibung dafür sorgen werde, daß hierdurch jene percentuale Be= theiligung wieder zu Gunsten der Apotheke reichlich aufgewogen werde, wobei schließlich der arme Patient nach derartigen Compromissen auch in materieller Beziehung zum „leidenden" Theile in des Wortes voller Bedeutung wird.

Bevor wir eine grundhältige Erklärung für den so auffallenden Zudrang der Juden zum ärztlichen Stande suchen, müssen wir, abgesehen von diesbezüglichen Verhältnissen an anderen Hochschulen, beispielsweise constatiren, daß an der Wiener Universität sich nur 40 Percent christ= liche gegen sechzig Percent jüdische Hörer der medicinischen Facultät befinden, so daß diese ehemals rein deutsche Hochschule jetzt immer mehr das Gepräge einer „orientalischen" Akademie überkömmt. Bemerkens= werthe Symptome ergeben sich bei Zusammenstellung der Studirenden dieser Facultät nach den Heimathsländern. So waren im Wintersemester 1888/89 eingeschrieben: unter 54 Hörern aus Böhmen 22 Christen und 32 Juden, unter 49 Mährern 19 Christen und 30 Juden, unter 68 Galiziern 18 Christen und 50 Juden und endlich unter 41 Russen 1 Christ und 40 Juden! Im Lehrkörper sind 51 Juden als Pro= fessoren und Docenten verzeichnet.

Die Berufswahl erfolgt entweder unter dem bestimmenden Einflusse der Eltern oder nach selbsteigener Entscheidung von Seiten der jungen Leute. Wo Eltern durch die einzige Absicht sich leiten lassen, möglichst bald der materiellen Unterstützung ihrer Kinder sich enthoben zu sehen und Letztere drängen, noch im unmündigen Alter sich selbstständig fort= zubringen, kann von einer Berufswahl füglich nicht die Rede sein. Anders wo die Eltern den Jünglingen Gelegenheit zu einer wissenschaft= lichen Ausbildung geben konnten; hier haben die dem unmittelbaren elterlichen Einflusse mehr oder weniger entrückten Gymnasialstudenten Zeit und Gelegenheit, über die Wahl eines zusagenden Berufes nachzu= denken und zum Theil auch selbstbestimmend zu entscheiden. Bei solcher Berufswahl sind jedenfalls vor Allem psychologische Momente maßgebend und diese wieder sind theils auf natürliche, d. h. durch Vererbung überkommene Geistes= und Charakteranlagen, theils auf Ergebnisse der Erziehung und des berathenden elterlichen Einflusses zurückzuführen.

In unseren ersten Capiteln haben wir bereits nachgewiesen, wie ein gemeiner Sammeltrieb, die Sucht nach Geldgewinn den hervorstechend= sten Charakterzug d.r Juden bildet. So kann man sich denselben auch gar wohl als „Alchimisten" denken, welcher in unstillbarer Habgier der Wissenschaft das Geheimniß des Goldmachens abtrotzen will und täu= schende Nachahmungen von Edelsteinen als den höchsten Triumph der Scheidekunst ansieht — nicht aber als unermüdlichen Botaniker, Insecten= sammler oder Naturforscher überhaupt, welcher in uneigennütziger Selbst= vergessenheit sein Leben dem rein idealen Zwecke des Beobachtens des Naturlebens widmet und in tiefempfundener Bewunderung der göttlichen Schöpfung seinen höchsten Genuß findet.

Bei dem Zudrange der Juden zum ärztlichen Berufe muß ihnen dieser wohl eine sichere Gelegenheit zum Gelderwerbe versprechen, und es wäre sonach weiter zu untersuchen, wie der junge Semit diesbezüglich auch sonst noch über seine Berufswahl denkt.

Während die Studirenden christlich=arischen Stammes gewöhnlich einer ideal=ethischen Auffassung ihrer Lebensaufgaben huldigen, sehen wir die Angehörigen des semitischen Volksstammes meistens die nüchtern= praktische Richtung vertreten. In hohen militärischen Kreisen wird lebhaft beklagt, daß der Nachwuchs des militärärztlichen Corps zu neun Zehntel aus Juden bestehe. Wenn christliche junge Doctoren „unbegreif= licher" Weise im Drange nach gründlichster wissenschaftlicher Ausbildung als schlecht dotirte Assistenzärzte in Civilspitälern und Heilanstalten Jahre lang ein wirklich nur kümmerliches Auskommen finden, beginnen viele Juden ihre ärztliche Laufbahn als Militär=Oberärzte mit den Gebühren eines Oberlieutenants und sichern sich für ihre spätere Privatpraxis den vertrauenerweckenden Nimbus des früher bekleideten „k. k. Militärcharakters".

Die vorerwähnte hervorragend praktische Geistesrichtung ist aber das Angebinde der jüdischen Stammestradition, da nach talmudischer Lehre nur das „als Tugend gilt, was Israel Nutzen bringt". Seinen eigenen und seines Stammes Vortheil kann der Jude aber am leichtesten und sichersten dort wahrnehmen, wo er in Mitte der christlich=arischen Völker die Schwächen und die Leichtgläubigkeit der Einzelnen und der großen Masse schrankenlos ausbeuten kann. Diese „schöne" Gelegen= heit findet sich aber nicht bloß bei den armen Kranken selbst, sondern

zum großen Theile auch bei den Angehörigen derselben, deren Gemüths=
stimmung ebenfalls meist eine gedrückte, deren Unterscheidungsvermögen
mehr oder weniger getrübt, gegen schlaue Suggestion nicht widerstands=
fähig ist. Unter dem Deckmantel des Arztes schleicht sich der Jude in
die christlichen Familien ein, die er dann in zweifacher Eigenschaft als
Hausarzt und „Hausfreund" zu seinem und seines Anhanges Vortheil
ausnützt.

Eine uneingeschränkte Ausbeutung ist aber nur dort möglich, wo
jede Aufsicht staatlicherseits oder von Seiten der Berufs=
genossenschaft entfällt und da begegnen wir einem merkwürdigen
Gegensatze in unserem öffentlichen Leben. Während nämlich der Staat
die unschuldigsten und harmlosesten Berufsstände am strengsten beauf=
sichtigt, schwindet sonderbarer Weise die Controle in dem Maße, als bei
allfälligem und sich ausbreitendem bösen Willen der Einzelnen, gewisse
Stände oder Corporationen an Gefährlichkeit für die staatliche und
sociale Ordnung zunehmen: Die misera contribuens plebs wird für
die geringsten Verstöße mit Geld= und Arreststrafen belegt; Handwerker
und Kleingewerbetreibende werden durch polizeiliche und fiscalische bevor=
mundende Aufsicht hart bedrängt; Priester und Lehrer erfreuen sich in
Fällen zweifelhafter Regierungsfreundlichkeit einer noch immer recht
eifrigen staatlichen „Fürsorge"; der Fabrikant schon bewegt sich freier
und weiß oft der scharfsichtigsten Steuerbehörde ein Schnippchen zu schlagen;
der Advocat wird nur mittelbar durch die Gerichte und quoad discipli-
nam durch die Advocatenkammern noch einigermaßen in Schach gehalten.
Der Börsenverkehr und die Speculation arbeiten beinahe aufsichtslos und
steuerfrei, die Bankiers und Finanzgrößen endlich, durch unzulängliche
und lückenhafte Gesetze kaum eingeschränkt, thun, was ihnen beliebt, so
daß Jhering (Zweck im Recht, S. 222) die Actiengesellschaften mit orga=
nisirten Raub= und Betrugsanstalten vergleichen konnte, bei denen die
Räuber und Betrüger statt in Eisen in Gold sitzen.

Das möglicher Weise allergefährlichste Thun und Treiben aber, weil
es dem Menschen dabei unmittelbar an Leib und Leben geht, die Thätig=
keit der Aerzte, bei denen sogar die „Rechenschaftsberichte" entfallen, wird
gar nicht controlirt und das ist es, was dem Juden am Besten
taugt, da fühlt er sich so ganz in dem ihm zusagenden Elemente, wo er
unbeobachtet auch seinen etwaigen schlechten Eigenschaften fröhnen kann.

Wie die Freimaurerlogen, welche in den Ländern, wo sie bestehen,
sich die unbedingte Freiheit von jeder staatlichen, polizeilichen Aufsicht zu

sichern wußten, eben deshalb heute ganz verjudet, nichts Anderes mehr sind als die Winkelagenturen der Alliance israélite, so drängen sich die Juden in den ärztlichen Stand, weil es hier keine andere Controle gibt als durch das eigene gründliche Wissen, den ehrlichen guten Willen und das Gefühl edler Menschlichkeit — lauter Attribute, denen der Jude nach seinen Raceanlagen der Oberflächlichkeit und des Eigennutzes, sowie nach den talmudischen Lehren des Hasses und der Verachtung aller Nicht= juden ein minderes Gewicht beilegt.

Das religiöse Moment, insbesondere als Hauptfactor der Erziehung, muß hier jedenfalls auch entsprechend in Betracht gezogen werden.

In den öffentlichen Heilanstalten Wiens, in Ordenshäusern und zur Privatpflege sehen wir nahe an 1700 berufsmäßige Krankenpfleger beiderlei Geschlechtes, aber darunter keinen einzigen Juden thätig, während doch heute die Bevölkerung Wiens zu einem Zehntel aus Juden besteht. Die Ursache dieser Erscheinung liegt darin, daß der Jude durch sein un= ruhiges, lärmendes Wesen und seinen angeborenen Eigennutz, welcher ihn aus Berufsständen selbstloser Hingabe ausschließt, zum Krankenwärter sich physisch wie moralisch durchaus nicht eignet.

Beim christlichen Arier dagegen haben die seit nahezu zwei Jahr= tausenden durch seine Religion gelehrten, durch deren eifrigste Anhänger stets bethätigten Grundsätze der Nächstenliebe und Barmherzigkeit zu Charaktereigenschaften und Lebensprincipien sich ausgebildet, an welche neuester Zeit selbst jüdische Parlamentarier, freilich in sehr egoistischer Absicht, gerne zu appelliren pflegen, wobei dieselben allerdings meist ver= gessen, daß man sich aus Nächstenliebe wohl des armen Unglücklichen annehmen soll, der unter die Räuber gefallen ist (Lucas 10, 31), daß man aber nicht auch die Räuber selbst in Schutz zu nehmen hat.

Als Gewährsmann für alles Vorstehende nennen wir einen gefeierten Wiener Arzt, den Professor Hofrath Dr. Billroth, der in seinen Schriften „Ueber das Lehren und Lernen der medicinischen Wissenschaften an den deutschen Universitäten" und „Aphorismen zum Lehren und Lernen der medicinischen Wissenschaften" die Discreditirung der Wiener Universität und des ärztlichen Standes in logisch zwingendster Weise auf das zahl= reiche Eindringen der „demoralisirenden" jüdischen Elemente zurückführt. Billroth ist nebstbei gewiß mehr als jeder Andere vor dem Vorwurfe der Parteilichkeit oder der Voreingenommenheit gegen die Juden über= haupt gesichert, da er bekanntermaßen zu den Gründern und wackersten

Stützen des neuen Wiener Judenschutzvereines zählt. Wenn wir auch mit Bedauern darauf verzichten müssen, längere Auszüge aus den oben erwähnten Schriften zu bringen, so werden schon einige Stellen genügen um die scharfe Beobachtungsgabe des Autors zu charakterisiren.

Daß Billroth die Mehrzahl seiner Hörer trotz ihrer „Auserwähltheit" nicht für „prädisponirte" Mitglieder der auch geistig Auserlesenen hält, sagt er auf Seite 4 der zweiterwähnten Flugschrift: „Es ist ein weitverbreiteter Irrthum unserer Zeit, daß man schon dadurch ein gebildeter Mensch werden und in die Geistesaristokratie eintreten könne, daß man recht viel gelernt hat. Man kommt in die Geistes= wie in die Standes= aristokratie nur durch Vererbung hinein". Kann es ein vernichten= deres Urtheil betreffs der Selbstüberhebung so mancher jüdischen Gelehrten und jüdischen Ritter oder Barone geben, deren Vorfahren sich ausschließ= lich nur mit Handel und Schacher befaßt hatten?

An anderer Stelle sagt Billroth: „Nach Wien kommen, zumal aus Galizien und Ungarn, junge Leute, meist Israeliten, welche absolut gar nichts haben, und denen man die wahnsinnige Idee beigebracht hat, sie könnten in Wien zugleich Geld erwerben (durch Unterricht, kleine Börsendienste, durch Hausiren mit Schwefelhölzchen, oder indem sie zu= gleich sich als Post= oder Telegraphenbeamte anstellen lassen &c.) und dabei Medicin studiren. Daß aus solchem Material keine tüchtigen Aerzte werden, daran soll dann die Lernfreiheit und die wissenschaftliche Methode des Unterrichtes Schuld sein! ... Es liegt da noch ein anderer Grund neben und über der Armuth, der meist übersehen wird: das ist der vollständige Mangel einer häuslichen gebildeten Erziehung und der Mangel an Verkehr mit gebildeten Menschen während der Studien."

Dann weiter: „Wo die Begabung, etwas zu erreichen, fehlt, und der edle ideale Ehrgeiz sich in äußerliche Eitelkeit, die Energie sich in ruhmlose Zerfahrenheit verwandelt hat, wo bei der Wahl der Mittel, durch welche das vorgesetzte Ziel erreicht werden soll, jede Rücksicht schwindet, da wird der verzweifelte jüdische Kämpfer leicht in ein Gebiet hinausgedrängt, das die deutsche bürgerliche Gesellschaft meidet .... In Oesterreich entspringen eben die Aerzte leider zu selten aus Familien, in welchen seit Jahrhunderten ein gesicherter Besitzstand, ungetrübte Familien= verhältnisse und ein guter, wohlwollender, idealer Bürgersinn, Tradition sind. Aus einem „guten Hause" sein ist für einen Arzt weit mehr werth als ein Maturitätszeugniß mit lauter ausgezeichneten Cal= cülen und eine Promotion sub auspiciis imperatoris."

Die Charaktereigenschaften und die hohe Verantwortlichkeit des Arztes besprechend, sagt Billroth, sich an die Studirenden selbst wendend: „Habt Ihr denn nie überlegt, Ihr jungen Leute, welch' schweren und verantwortlichen Beruf Ihr erwählt habt? Habt Ihr nie daran gedacht, daß Ihr in der menschlichen Gesellschaft eine völlig exceptionelle Stellung einnehmen sollt? Daß der Staat Euch nach Euerem Wissen und Gewissen schalten läßt? Der Advocat, der Richter kann über das Vermögen, die Ehre eines Menschen entscheiden, doch Euch werden Menschen ihr Leben in die Hände geben. Und Ihr wollt diese schwersten Rechte und Pflichten übernehmen, ohne Euch dazu auch nur einigermaßen vorbereitet zu haben?"

Die jungen Aerzte scheinen jedoch solche Mahnungen nicht ernst zu nehmen; denn gerade deren wissenschaftliche Vorbildung läßt nach Billroth viel zu wünschen übrig und, nur mangelhaft vorbereitet, treten viele in die ärztliche Praxis hinaus, worüber unser Gewährsmann Folgendes sagt: „In Wien und anderen großen Städten können sie das riskiren; denn den armen Kranken schicken sie in's Spital und bei dem vermöglichen Kranken consultiren sie einen Specialisten. Sind sie sonst nicht auf den Kopf gefallen, so schwindeln sie sich so durch; in den meisten Kaffeehäusern liegen medicinische Zeitungen auf, es sind die wichtigsten neuen Mittel und ihre Wirkung darin beschrieben; über die Dosis und Receptirerei helfen sie sich mit Hülfe eines Medicinalkalenders; dann nehmen sie von Anderen allerlei Allüren und hochtönende Redensarten an und so blüht ihre Praxis bald und sie lachen die Anderen aus, welche sich nicht nur während ihrer Studien geplagt haben, sondern sich auch nachher noch mit dem Studium langweiliger Bücher quälen. . . . Alles in Allem genommen, wurzelt das leider nicht ganz auszurottende Unkraut der Wiener Studentenschaft nicht in der Wiener Universität und ihren Einrichtungen, sondern in der mit den verschiedensten nationalen Elementen überfüllten Weltstadt Wien, in welche die Universität nun einmal hineingesetzt ist. Ich habe wiederholt der Wahrheit entsprechend hervorgehoben, daß es vorwiegend schlimme galizische und ungarische jüdische Elemente sind, welche in früher erwähnter Weise nur in Wien gedeihen können. . . . Es kommt mir vor, als wenn die ungarischen und galizischen Juden durch das ewige Untereinander=Heiraten und durch das frühe Heiraten stark degenerirt sind und in manchen Gegenden einer gewissen körperlichen und geistigen Verkommenheit entgegengehen . . .

Daß bedeutende Menschen aller Zeiten und aller Nationen sich in den großen allgemeinen menschlichen Fragen stets sympathisch begegnen werden, ist klar, doch ebenso klar ist mir auch, daß ich innerlich trotz aller Reflexion und individuellen Sympathie die Kluft zwischen rein deutschem und rein jüdischem Blut heute noch so tief empfinde, wie von einem Teutonen die Kluft zwischen ihm und einem Phönicier empfunden worden sein mag."

Klarer und deutlicher kann der Racengegensatz wohl nicht hervorgehoben werden und alle diese ebenso geistreichen, wie gewiß auch lebenswahren Charakteristiken könnten durch irgendwelche Worte weiterer Ausführung nur abgeschwächt werden.

Aber viel bedenklicher gestalten sich noch die Verhältnisse, wenn wir uns bewußt bleiben, daß die aus Ungarn, Galizien und Rußland eingewanderten Juden ausnahmslos mit einer fanatischen Treue und unbesiegbaren Zähigkeit an allen Lehrern ihrer Religions- und Stammesgesetze festhalten und dieses involvirt geradezu die allerernstesten Gefahren für die christlich=arische Gesellschaft. Der Talmud sagt nämlich (Tr. Aboda 5. f. 26 2 Tos. und Ven. Soph. 13. 3): „Den Besten unter den Abgöttischen bringe um das Leben" — versteht sich, wenn es leicht möglich und auf Israels Ruf kein Schatten fällt. Schulchan Aruch (nach Talmud Abod. zara 26, Choschen ha-mischpat 425, 5. Haga): „Freidenker und welche leugnen die Thora zu tödten ist ein gutes Werk; wenn man die Macht hat, mit dem Schwerte öffentlich, wenn nicht, so komme man über sie mit Ränken, bis daß man verursacht ihre Tödtung". „Leugner der Thora" aber sind nach Maimonides (Hlch. tesch. Pereq 3, 8): die von der wahren Lehre Abfallenden (3 Arten), ferner „die Christen und die Türken". Im Talmud (Jalk. Sim. fol. 245 c, n 772 und Bemidb. rabba f. 229 c) heißt es weiter: „Wer das Blut des Gottlosen vergießt, bringt Gott ein Opfer dar"; Sch. Ar. (Jore de 'a 158, 1): „Und ebenso ist es erlaubt, zu versuchen ein Medicament an einem Akum, ob es nützt!" Endlich Maimonides Jad. chas. 4. 1. f. 47, 1: „Das Gebot „„Du sollst nicht töten"" bedeutet, daß man keinen Menschen von Israel tödte; Gojim und Ketzer sind aber keine Israeliten", und nochmals Maimonides (Jad. chas. 1. 10, 1 f. 40, 1): „Es ist verboten, sich des Abgöttischen zu erbarmen oder wenn er dem Tode nahe ist, so soll man ihn nicht retten".

Professor Dr. Wahrmund (Gesetz des Nomadenthums, S. 57) faßt diese Lehren in dem Satze zusammen: „Nach rabbinischer Denkart über-

tritt der Jude sein Gesetz, wenn er nicht tödtet, wen er von den Un=
gläubigen ohne Gefahr tödten kann".

Dem Talmudjuden als Arzt, insbesondere als Kinder= oder Militär=
arzt, wäre sonach die beste Gelegenheit geboten, „einer arischen Ueber=
völkerung vorzubeugen" und sich so einen Ehrenplatz in Abraham's
Schoß zu sichern. Ohne übrigens weitere Schlußfolgerungen aus diesen
„Religionslehren" zu ziehen, wollen wir in unserem eigenen Interesse
hoffen, daß unsere Judenärzte jene Lehren des „Gesetzes" und ihrer
Schriftgelehrten verwerfen und verabscheuen und schließen mit dem
frommen Wunsche, daß auch die aus Polen und Rußland an die
medicinische Facultät in Wien pilgernden Talmud=Vollblutjuden sich
dieser „Religion" recht bald entäußern mögen; denn ohne überzeugende
Bürgschaft für solchen Verzicht vermöchten wir begreiflicher Weise
ihnen kein Vertrauen entgegen zu bringen.

## X.
### Die Judenschutztruppe.

Soeben kömmt uns aus Wien ein Schreiben betreffs des dortselbst
neugegründeten Judenschutzvereins zu, welches wir hier zum vollgültigen
Beweise unserer Objectivität, sowie unserer Bereitwilligkeit, auch gegen=
theiligen Stimmen Raum zu geben, in Nachstehendem vollinhaltlich fol=
gen lassen:

„Geehrter Herr!

Nachdem der Verein zur Abwehr des Antisemitismus rein huma=
nitäre Zwecke verfolgt, so kann es den Mitgliedern, um der von ihnen
vertretenen Sache willen, nicht gleichgültig sein, wenn ihre wohlgemeinten
Absichten Mißdeutungen oder böswilligen Entstellungen — sei es von
welcher Seite immer — begegnen sollten. Wenn nun auch die Mittel
zur geeignetsten Erreichung des Vereinszweckes noch nicht als eine fest=
stehende Richtschnur für die Vereinsthätigkeit normirt sind, so sind wir
keinen Augenblick im Zweifel darüber, daß der Verein vermöge der her=
vorragenden Lebensstellung, sowie der hohen Intelligenz des größten
Theiles seiner Mitglieder hier gewiß das Richtige treffen wird. So ist
denn bereits in den privaten Vorbesprechungen hervorgehoben worden,
daß gemäß dem Grundsatze: „Nehmt die Ursache und ihr nehmt
die Wirkung" auch in den Kreisen unserer jüdischen Mitbürger auf=

klärend gewirkt werden soll. Dies ist aber selbstverständlich nur möglich, wenn gründliche Kenner der Eigenart unserer Schützlinge sich an diesem Werke der Humanität und Gerechtigkeit betheiligen. Und daß der Verein gerade in dieser Richtung über hervorragende Kräfte verfügt, berechtigt zur sicheren Erwartung, daß die Vereinszwecke auch gewiß erreicht werden.

So werden Sie selbst in dem Verzeichnisse der Vereinsmitglieder berühmte Aerzte finden, welche in ihren Schriften („Ueber das Lehren und Lernen der medicinischen Wissenschaften", „Aphorismen zum Lehren und Lernen ꝛc.") das den ärztlichen Stand in seinem Ansehen und seiner Vertrauenswürdigkeit schwer schädigende Ueberwuchern fremder Elemente mit seltener Sachkenntniß und Schärfe gebrandmarkt haben; Advocaten, welchen in den Disciplinarverhandlungen der Advocatenkammer ein reiches Material zur Beurtheilung gewisser, oft europamüder „Rechtsfreunde" zur Seite steht; Aristokraten, welche als Präsidenten und Verwaltungsräthe in das geheime Getriebe der von Jhering so grausam gezeichneten Actiengesellschaften einen tiefen Einblick thun konnten; Cavaliere, welche bei stadtbekannten trostspendenden Beziehungen zu den von allzu realistisch veranlagten Ehemännern vernachlässigten, schwärmerisch angehauchten israelitischen Schönen Gelegenheit fanden, das vielgerühmte „traute" Familienleben nach seinem wahren Wesen kennen zu lernen; hohe Beamte, denen gewiß die unter Mitwirkung des k. k. Justizministeriums von der k. k. statistischen Centralcommission veröffentlichten amtlichen Tabellen nicht unbekannt sind, welche die Percentsätze der Theilnahme an strafbaren Handlungen nach der Confession der Thäter geben, wobei auf die Veranlagung unserer jüdischen Mitbürger ein nichts weniger als günstiges Licht fällt; Gemeinderäthe und Abgeordnete, welche über die Verwendung eines vielbesprochenen Fonds zur Bestreitung von Wahlauslagen grundhältig informirt sein dürften; Lehrer, die sich der Gefahren der Ausbreitung von materialistischen Welt- und realistischen Lebensanschauungen wohl bewußt sind; Schriftsteller, welche den Werth jüdischer Reclame dankbar schätzen und einer objectiven Kritik abhold sind; Journalisten, die wohl wissen, welch' elastischen Aufschwunges die orientalische Phantasie fähig und denen die Theorie der „Suggestion" für Beeinflussung der öffentlichen Meinung vollkommen geläufig ist; Geschäftsleute und Fabrikanten, denen die „Segnungen" der Speculation, der Schmutzconcurrenz, der Waarenfälschung, des fingirten Ausverkaufs und der berufsmäßigen Crida manche bittere Stunde bereitet haben; ja selbst Consistorialräthe, hier jedenfalls in partibus infidelium, und Superintendenten, welche vor allzu mißbräuchlichem Citate der christlichen Nächstenliebe warnen werden, weil ja sonst die Christen neugierig werden könnten, zu erfahren, wie denn die jüdische Nächstenliebe des Talmud und Schulchan Aruch beschaffen sei und wessen sich die Christen von dieser Seite zu versehen hätten. Die hochwürdigen Herren werden gewiß auch hervorheben, daß die christliche Nächstenliebe nicht darin bestehe, daß man „vom reichen Prasser oder vom arglistigen Pharisäer jede Unbill ohne Murren hinnehmen oder gar sich zu deren Schleppträger erniedrigen soll", wie dies insgemein der fromme Wunsch gewisser Humanitätsschwindler ist.

Diese Zusammensetzung des Vereins aus Mitgliedern verschiedener Berufsstände verbürgt eine sachgemäße und erfolgreiche Aufklärung unserer jüdischen Mitbürger über jene Lebens= und Thätigkeitsäußerungen, welche einzig und allein den Antisemitismus hervorgerufen haben und beständig nähren. Mit Beseitigung dieser veranlassenden Ursachen muß der Antisemitismus zweifellos schwinden und der junge Verein wird seine Aufgabe in glänzender Weise gelöst sehen.

Wenn ich selbst über den Umfang der Vereinsthätigkeit auch noch nicht vollständig informirt bin, so kann ich doch andeuten, was zuerst in's Auge gefaßt werden dürfte und zwar soll, wie verlautet, die vorerwähnte Aufklärung sich theils auf allgemeine Eigenthümlichkeiten, insbesondere auf die allbekannten semitischen „Unarten", theils auf das Verhalten in speciellen Verhältnissen des socialen Lebens beziehen. In ersterer Richtung wird unser Verein es sich zur Aufgabe machen, unseren jüdischen Mitbürgern im Allgemeinen die Vortheile eines bescheidenen persönlichen Auftretens klar zu machen, weil das vorlaute und lärmende Wesen, das rücksichtslose Vordrängen bei öffentlichen Gelegenheiten, das selbstgefällige Prahlen unwillkürlich den Widerwillen aller anständigen Leute hervorruft. Ganz abgesehen von der Behauptung unseres geschätzten Vereinsmitgliedes Hofrath Dr. Billroth, wonach „man nur durch Vererbung in die Geistes= wie in die Standesaristokratie hineinkommt", wird der Verein die „schreibenden" Vertreter unserer jüdischen Mitbürger gebührend warnen, sich stets als die Träger der Cultur und Bildung aufzuspielen, weil hierdurch die Angehörigen anderer Menschenracen und Volksstämme nur angereizt würden, zu fragen, welche Länder oder Landesstrecken durch die Israeliten urbar gemacht und cultivirt worden sind, welche Erfindungen dieselben etwa auf technischem Gebiete gemacht haben, welche Erzeugnisse jüdischer Handarbeit oder Kunstfertigkeit man in irgend einem ethnographischen Museum finden könne, wo man doch, wie in den herrlichen k. k. Hofmuseen in Wien, sonst alle anderen Völker der Erde, von ältester Zeit bis zur Gegenwart, vertreten sieht.

Nachdem die Mehrzahl unserer Mitglieder die Ueberzeugung hegt, daß die tendenziösen Entstellungen von Seiten der Presse, sowie eine ganz einseitige Vertretung der jüdischen Stammesinteressen dem Rufe Israels in der öffentlichen Meinung höchst abträglich sind, so wird der Verein es sich weiter zur Aufgabe stellen, durch strenge Richtigstellung der Preßlügen und durch unparteiische Besprechung politischer und socialer Verhältnisse der Wahrheit ihr Recht zu geben. Daß zu diesem Zwecke die Gründung eines Vereinsorgans geplant ist, dürfte Ihnen bereits bekannt sein. Die Vereinsmitglieder sind nämlich der Ansicht, daß durch absichtlich gefälschte Nachrichten und durch das Vertuschen von Verbrechen und anderen strafbaren Handlungen eine viel größere Erbitterung nicht bloß gegen die Thäter und intellectuellen Urheber, sondern auch gegen Unschuldige hervorgerufen wird, als durch offenes Eingeständniß und durch schonungslose Bestrafung der Schuldigen. Gegen unreelle Gründungen, selbst wenn solche von einem englischen Lordmayor Isaacs angeregt würden, gegen Preistreibereien zum Schaden der Consumenten, gegen monopolisirende Cartelle und Ringe wird der Verein entschieden Stellung nehmen, weil diese Speculationen nur geeignet sind, die Abneigung gegen unsere jüdischen Mitbürger zu nähren und zu schüren. In all' diesen Richtungen haben bekanntlich Max Nordau (recte Südfeld) und Conrad Alberti (recte Sittenfeld) in vorurtheilsfreier Weise ihren Stammesgenossen gutgemeinte Winke zugehen lassen und sich als gründliche Kenner der veranlassenden Ursachen des Antisemitismus documentirt.

Da überdies dem Vereine vermöge seines engen Anschlusses an die meistbetheiligten Kreise Vorlagen und Beweismittel zu Gebote stehen, wie dies bei antisemitischen Blättern kaum der Fall sein dürfte, um nachzuweisen, daß der anständige und ehrenwerthe Theil unserer jüdischen Mitbürger mit den Verhetzungen, sowie mit der eigennützigen und gewinnsüchtigen Vertretung durch eine gewissenlose Presse Nichts gemein hat und Nichts gemein haben will, so hoffen wir mit Grund, daß diese aufklärende Thätigkeit des jungen Vereines ganz geeignet sein wird, demselben zahlreiche Mitglieder zuzuführen und die beabsichtigte Wiederherstellung des Friedens und der Eintracht in unserer Bevölkerung zu fördern und zu sichern.

Ein eifriger Werber für den Verein zur Abwehr des Antisemitismus."

## XI.
### Die „dummen Christen".

Von Seiten der Anhänger der juden=liberalen Partei kann man bei Erörterung des unermeßlichen Schadens, welchen die Art des jüdischen Geschäftsbetriebes in den letzten Jahrzehnten dem Wohlstande des christ=lichen einheimischen Volkes verursacht hat, ferner der Gefahren, welche der entsittlichende Einfluß der Judenpresse in weiten Kreisen heraufbe=schwört, oft dem Vorwurfe begegnen: „Daran sind nur die Christen selbst schuld; die Juden sind eben gescheidter und praktischer; statt zu jammern und zu schimpfen, sollen sich die Christen an den Juden ein Beispiel nehmen und es ebenso machen wie diese". Dieser Vorwurf nun beruht auf einer gänzlichen Verkennung der Thatsachen, welche wir hier zur Kräftigung unseres Selbstbewußtseins näher erörtern wollen und zwar ohne den Ehrgeiz, die oberflächlichen und verstockten Nachbeter jüdischer Phrasen durch unsere Ausführungen bekehren zu wollen. Hierbei müssen wir aber vom idealen Standpunkt wissenschaftlicher Betrachtung auf den realen Boden des Alltagslebens herabsteigen.

Die christliche Religion legt den Hauptnachdruck auf die geistigen Güter, als würdige Vorbereitung auf ein besseres Jenseits — denselben Nachdruck legt das jüdische Stammesgesetz auf die Erwerbung irdischer Güter. Dem Christen soll das „Geld" ein Mittel zum Zwecke eines menschenwürdigen Lebens auf Erden sein, dem Juden ist das „Geld" Selbstzweck, der ihm an sich schon das Paradies verbürgt. Dieser Gegen=satz war der Grund, warum durch achtzehn Jahrhunderte und bis vor wenigen Jahrzehnten in allen europäischen Staaten den Juden die bürgerliche Gleichstellung versagt war, wie dies übrigens im größten europäischen Staate — in Rußland — auch heute noch der Fall ist.

Durch die ideale Richtung, welche stets bestrebt ist, die edelsten Gefühle und Triebe in jedem Einzelwesen zum Durchbruche und zur Entwickelung zu bringen, ist bekanntlich die christliche Religion zur Trägerin der Gesittung und Bildung auf der ganzen Erde geworden, und da sollten wir etwa den Juden zu Ehren, um des „goldenen Kalbes" willen, unserer culturellen Weltmission feige entsagen und die christliche Ethik im Sinne jüdisch=nationaler Grundsätze abändern?

Gerade die ethischen Unterschiede der christlichen und jüdischen „Moral" sind es, welche die Gegensätze sowohl im socialen wie im geschäftlichen Verhalten der Christen und Juden bedingen. Und thatsächlich ist es eine allgemeine Klage in allen Erwerbs= und Berufszweigen, in welche die Juden eingedrungen sind, vom Krämer bis zum Professor, Volksvertreter und Staatsbeamten hinauf, daß ihre Stammesbegriffe von Ehre und Pflicht, Treue und Rechtlichkeit mit den christlichen Lehren und den arisch=nationalen Ueberlieferungen, ja selbst mit den landläufigen Bürgertugenden unvereinbar sind, daß die Juden in der Wahl ihrer Mittel nach unseren Begriffen vollkommen grundsatzlos sind, daß sie Alles für erlaubt halten, was nicht ausdrücklich verboten ist, daß sie das Gesetz nicht achten, sondern womöglich umgehen und keine anderen Erwerbsschranken kennen als die Kautschukparagraphen des Strafgesetzes. Und das soll nach liberalem Recepte unser Vorbild werden?

Da aber der jeder körperlichen Arbeit abgeneigte Jude niemals Ackerbau treibt, sondern den Grund und Boden mit arischer Menschenkraft ausbeutet und mit jenen ebenso „handelt" wie mit Getreide, das nicht er selbst gesäet, mit Vieh, das nicht er selbst aufgezogen, mit Hopfen, den nicht er selbst gepflanzt und betreut, mit Holz, das nicht er selbst aufgearbeitet oder geschnitten hat; da er nie durch selbsteigene Production einen bescheidenen Lebensunterhalt sich erwirbt, sondern nur durch speculativen Zwischenhandel sich bereichert, so sollen wohl im Sinne der liberalen Rathschläge jüdischer Beispielsnahme alle Millionen Bauern ihre weniger geldlohnende Beschäftigung einstellen und sich auch von jetzt ab dem Schacher und Wucher zuwenden?

Ebenso ist es auf dem Gebiete des Kleingewerbes und des Handwerks. Auch hier treffen wir den Juden nicht als fleißigen Arbeiter, sondern nur als gewissenlosen Zwischenhändler, welchem der Erzeuger wie der Abnehmer seinen Tribut entrichten muß. Als Confectionäre, Schuhfabrikanten, Möbelhändler ꝛc., mit Wanderlagern und Scheinausverkäufen haben die Juden einen großen Theil der selbstständigen Meister zu abhängigen Tagelöhnern herabgedrückt. Die Arbeiter erhalten geringere Löhne, die kaufende Bevölkerung schlechtere Waare und nur der Zwischenhandel macht einen erhöhten Gewinn. Und da verlangt man noch, daß das Volk solche Errungenschaften der liberalen Aera preisen soll! In echt heuchlerisch=liberaler Weise wird gegen den Gewerbeniedergang und gegen die Verarmung „Bildung, Fleiß, Sparsamkeit und Selbsthülfe" empfohlen und doch sieht man täglich, wie gerade Leute, die ungebildet, arbeitsscheu und nicht sparsam sind, in kurzer Zeit Millionäre werden; auch daß für verkrachte Privatunternehmen eine Staatshülfe herausgeschwindelt wird, während der arme Bauer und Handwerker sich selbst helfen sollen. Aber der Christ schämt sich auch, seine Kunden zu übervortheilen, während der Jude sich dessen im Kreise seiner Stammesgenossen und im Sinne seiner „Religion" sogar rühmen darf. Der Deutsche bezieht eben Alles auf das Gemüth und entscheidet nach den christlich-moralischen Begriffen von Recht und Unrecht, der Jude aber bezieht Alles auf den eigenen Vortheil und entscheidet demgemäß. Letzteres ist aber kein Beweis von Verstand, sondern zum Mindesten nur von Gewissenlosigkeit. Während dies dem einzelnen Juden sogar weniger zu verargen ist, wirft es aber ein ganz eigenthümliches Streiflicht auf die Staatsklugheit christlicher Regierungen, die sich übrigens gerade in diesem Falle meist schuldbewußt hinter die vom Afterliberalismus geschaffene „Religionslosigkeit" des Staates verkriechen.

Blicken wir nun auch auf das Kunstgewerbe, für dessen fortschreitende Verflachung wir doch den Erklärungsgrund finden müssen. Wir lassen zuerst im Geiste die Schätze der Wiener Hof-Museen, die reichhaltigen Sammlungen des „Oesterreichischen" und des Handels-Museums, des Budapester National-Museums, aber auch jene der ethnographischen und Kunstsammlungen in München, Berlin, Hamburg, Paris (Cluny!) und London vorüberziehen, deren Kataloge vor uns liegen. Von der prähistorischen Zeit an, durch die Stein- und Bronze-Periode, aus Höhlen, Gräbern und Pfahlbauten, aus der Zeit der griechischen Helden (Schliemann'sche Funde) und aus Roms Blüthezeit finden wir so viel des Merkwürdigen, des Herrlichen, daß wir füglich den Kunst- und Schönheitssinn als ein Erbstück des Menschen von seinem ersten Auftreten auf der Erde an bezeichnen müssen. Wir lesen die Namen der Völker nach, welche an dieser Culturarbeit sich betheiligt haben und finden Egypter und Assyrer, Inder, Perser und Chinesen, Griechen und Römer, Kelten, Germanen und Slaven, Mexikaner und Peruaner. Nun kommt die folgende Periode der christlichen Zeitrechnung, welche uns am Uebersichtlichsten in jenen ethnographischen Sammlungen, so auch in den Wiener Hof-Museen, entgegentritt, wo die Erzeugnisse der fortschreitenden Kunstfertigkeit nach den verschiedenen Völkern getrennt und als Ganzes für sich dargestellt sind.

Hier sehen wir jetzt alle Volksstämme der Welt, vom Lappen und Samojeden mit seinen Schnitzereien auf Rennthiergeweihen und Fischzähnen bis zu den Südsee=Insulanern mit ihrem farbenprächtigen Federnschmucke, wir sehen alle Völker von Europa, Asien, Amerika und Afrika, sogar den Papua Australiens vertreten, und zwar von alten Zeiten her bis zum heutigen Tage. Wir können beobachten, wie gewisse charakteristische Eigenthümlichkeiten ursprünglichen Formensinnes und besonderer Kunstfertigkeit sich heute noch bei jedem und selbst dem kleinsten Volksstamme, ja in jeder nur nach einzelnen Tausenden von Köpfen zählenden Nationalitäten=Insel inmitten anderer Stämme, in ihrer Hausindustrie und ihren Schmuckgegenständen vorfinden.

Wir sagten früher bei „allen" Völkern und sprachen von „jedem" Volke. Das ist nicht richtig; alle Völker der Erde sehen wir in den Verzeichnissen, Katalogen und in beschreibenden Werken verzeichnet, nur Eines nicht — die Juden. Wir lesen in der Kunstgeschichte von griechischer und römischer Kunst, von einer italienischen, spanischen, niederländischen und deutschen Schule, aber von einer „Judenkunst" und einer „Judenschule" in künstlerischem Sinne haben wir noch nie gelesen; denn thatsächlich hat auch der Jude an der Culturarbeit der Völker nirgends und keinerlei Antheil genommen. Ist er ja doch, selbst jeder Erfindungsgabe baar, auf dem Felde der Kunst und des Kunstgewerbes niemals selbst schaffend, sondern nur nachahmend und ausnützend aufgetreten\*). Kann es uns da noch Wunder nehmen, daß unter jüdischem Einflusse und jüdischem Streben nach Erzeugung nicht ideal schöner, sondern nur recht gangbarer „marktfähiger" Waare das Kunstgewerbe unfehlbar seinem Verfalle entgegengehen muß? Da wird es uns wahrlich schwer gemacht, der Empfehlung der Herren Liberalen zu folgen, daß wir uns an den Juden ein Beispiel nehmen oder gar von ihnen lernen sollen!

Allerdings betheiligen sich Judenfirmen in stattlicher Zahl an den jeweiligen gewerblichen Ausstellungen, weil diese das „Geschäft" entschieden fördern. Aber die Herstellung der ausgestellten Gegenstände hat nicht der jeder körperlichen Arbeit abholde Jude, sondern die fleißig schaffende Hand christlicher Arbeiter besorgt; die Stoffe aus Wolle und Leinen hat nicht

---

\*) Das beste Beispiel für diese Behauptung bildet das Nationalheiligthum des alten Palästina, der salomonische Tempel selbst. Derselbe wurde von Ammonitern, Hetitern und Hevitern unter Anleitung sidonischer Künstler und unter Mitwirkung tyrischer Kupferschmiede und gebalischer Baumeister, also von lauter Ariern gebaut.

der Jude, sondern der Christ gewebt, das Eisen der Maschinen hat nicht der Jude, sondern der Christ geschmiedet, das Holz der Möbel hat nicht der Jude, sondern der Christ bearbeitet u. s. f.; dagegen wohl die Aus= verkaufs= und Poselwaaren hat nicht der Christ, sondern der Jude zu= sammengetragen; die „Bazare, Confections, Maisons, Etablissements" hält nicht der Christ, sondern der Jude; die „Occasions" werden nicht vom Christen, sondern vom Juden vorbereitet und besorgt.

In alter, reinchristlicher Zeit galt als oberster Grundsatz für den Handelsverkehr die sorgfältigste Auswahl des zu verarbeitenden Materiales in Metall, Holz, Leder, Stoffen u. s. w. und die Käufer schätzten die Waare nach der deutlich erkennbaren Qualität des Gebotenen. Jede Arbeit mußte dabei die möglichste Haltbarkeit verbürgen und bei solchen für längste Dauer bestimmten Gegenständen lohnte sich die Mühe der durchdachten Wahl gefälliger, künstlerischer Formen, einer seinen Durch= führung aller Einzelheiten, sowie die Echtheit und Reinheit aller Neben= erfordernisse. So ist das vielgeschmähte Mittelalter auf dem Gebiete des Kunstgewerbes der unerreichte Lehrmeister für die folgende Zeit geblieben und hat uns jene prächtigen Werke der Goldschmiedekunst, der getriebenen Arbeit, der Waffenschmiede und Schlosserei; die herrlich ge= schnitzten und eingelegten Tischlerarbeiten, die Meisterstücke in Elfenbein, gepreßtem und gefärbtem Leder geliefert, welche noch heute die vornehmste Zierde aller culturgeschichtlichen Sammlungen bildet. Das waren Zeiten der idealen Entwickelungsfähigkeit der Gewerbe.

Wie ganz anders jetzt! Die Rohstoffe werden in minderen Quali= täten verarbeitet, auf eine peinlich=saubere Ausführung wird bei der ge= ringen Dauerhaftigkeit neuzeitlicher Erzeugnisse kein Nachdruck gelegt, die besseren Formen sind nur mehr oder weniger gelungene Nachahmungen alter Muster; die Waare wird zum Behufe möglichst raschen Umsatzes unter dem Systeme der Arbeitstheilung, thunlichst durch fabriksmäßigen Betrieb massenhaft, aber schablonenmäßig und schleuderhaft erzeugt; der Kunstsinn des einzelnen Arbeiters wird nicht gepflegt und er verkümmert. Die Leute aber, welche zu der Maschine gestellt werden, verzichten auf jede eigene Handwerksgeschicklichkeit, sie haben ihre Selbstständigkeit aufge= geben und sind Sklaven des Großcapitals geworden. Die Individualität des Arbeiters verschwindet immer mehr und das reale Unvermögen beherrscht das einst so reiche und ergiebige Feld des Kunstgewerbes.

Der christliche Geschäftsmann und Handwerker aber, welcher unter so schwierigen Verhältnissen seine Leistungsfähigkeit und Geschäftsehre dennoch tadellos bewahren konnte, ist wahrlich höchster Achtung werth. Beklagenswerth jedoch — um nicht etwas Anderes zu sagen — sind Jene, welche mit der Aera des „volkswirthschaftlichen Aufschwunges" und des „uneingeschränkten Spieles der freien Kräfte" sich befreunden konnten, welche heute noch vom Juden lernen und ihn zum Vorbilde nehmen wollen, Juden und Judenliberale in die Vertretungen wählen und ihre Ansichten, ihre Ueberzeugung den Trugschlüssen der Judenpresse zum Opfer bringen.

## XII.
### Die obligatorische Civilehe.

Vor wenigen Monaten hat im ungarischen Reichstage der Abgeordnete Grünwald, welcher bekanntlich vor Kurzem in Monaco durch Selbstmord geendet hat, gelegentlich der Verhandlungen über die „Wegtaufen" erklärt, daß er nur in der endlichen Einführung der Civilehe, welche die Heirathen zwischen Christen und Juden ermöglichen solle, das geeignetste Mittel sehe, den Antisemitismus aus der Welt zu schaffen. Welche Folgerungen die ungarische Judenpresse aus der Sanctionirung eines dahin abzielenden Gesetzentwurfes ableitet, mag folgende Stelle zeigen:

„Ein großer Theil des ungarischen Adels ist verarmt, beträchtliche Theile des ungarischen Grundbesitzes befinden sich in den Händen von Israeliten. Ermuthigt durch fremde Beispiele, regen sich auch in Ungarn die bösen Leidenschaften des Antisemitismus. Im Mittelalter hätten derartige Regungen zur wilden Verfolgung und zur Zerstörung geführt, und das Volk hätte damit gegen seine eigenen Interessen gewüthet. Der aufgeklärten Erkenntniß unserer Zeit hat man es zu danken, daß man zu Mitteln seine Zuflucht nimmt, welche geeignet sind, das nationale Interesse zu fördern. Man entzieht dem Racengegensatze jede Basis, man sucht nun die durch die Religion verschiedenen Elemente in ein Ganzes zu verschmelzen und man hat damit dem Antisemitismus den Boden entzogen. Damit ist das Beste geschehen, um den israelitischen Bürgern Ungarns eine friedliche Existenz zu sichern, das Beste auch, um dem Lande zu nützen. Der Sohn des verarmten ungarischen Edelmannes kann die Tochter des neuen Grundbesitzers heirathen, und der Sohn des neuen Grundbesitzers kann das adelige Fräulein heimführen, dessen Wiege in dem im Licitationswege verkauften Castell gestanden ist. Ist die Concurrenz auf allen Gebieten frei, so sei sie es auch auf dem Gebiete der Ehe, und manche unangenehmen Wirkungen der Concurrenz werden dadurch unschädlich gemacht."

Insolange wir nun die Anregungen auf Einführung der Civilehe hauptsächlich von einer Seite ausgehen sehen, wo die Herren sich solcher Namen erfreuen wie Louis Pollak, James Borkenstiel, Jacques Herzl oder José Mandelbaum, dürfte wohl der Wunsch oder das Bedürfniß nach dieser „Regelung" der Ehe-Gesetzgebung ein nur sehr einseitiges sein. Anders gestaltet sich aber die Sache, sobald wir Herren wie Graf Albert Apponyi denselben Vorschlägen das Wort reden hören und wenn die Judenpresse durch die leichtfertige Art der Behandlung dieser Frage die christlich-arischen Kreise über den Ernst der Sache hinwegzutäuschen sucht, so können wir mit solcher Abfertigung uns nicht zufrieden geben. Warum aber sollen die „dummen Christen" mit einer neuen Gewissensfreiheit und Freiheit der Eheschließung sich nicht beglücken lassen? Hat nicht die Preßfreiheit das Füllhorn jüdischer Bildung und Weltanschauung über uns entleert und eine geknechtete christliche Presse dadurch zu etwas ganz Ueberflüssigem gemacht? Hat nicht die Gewerbefreiheit dem Handwerker und christlichen Geschäftsmanne klar bewiesen, daß nur der Zwischenhändler, ohne selbst zu arbeiten, den Gewinn aus der Erzeugung und dem Verkauf der Waare beziehen darf? Hat nicht die Freitheilbarkeit von Grund und Boden den modernen Geschäftsmann berechtigt, sich mit einer Häkselmaschine zu vergleichen, wo oben der Bauer hineingeworfen wird, um unten als Taglöhner wieder herauszukommen? Da wir aber trotz aller dieser Segnungen des vielgepriesenen Liberalismus überzeugt sind, daß einmal nach Einführung jener Civilehe es uns nicht mehr freistehen dürfte, unsere Ansicht darüber zu äußern, so wollen wir dies bei Zeiten thun, so lange die Frage sich noch in ihrem embryonalen Zustande befindet.

Unsere Betrachtung wird eigentlich eine sehr einfache sein: Wir werden nur zu erwägen haben, welche Vor- und Nachtheile die Vermischung des arischen Menschen, speciell germanischen Stammes, mit dem Semiten mit sich bringen kann. Für die Beurtheilung der Folgen und Ergebnisse der Kreuzung verschiedener Racen liegt ein so reiches naturwissenschaftliches, anthropologisches und ethnographisches Material vor uns, daß wir der Ausführung eigener oder neugedachter Gesichtspunkte hierdurch gänzlich überhoben, nur kurz zusammenzufassen brauchen, was berufenere Forscher über diesen Gegenstand gebracht haben.

Daß Landwirthe und Züchter bei Hausthieren durch eine sorgfältige Auswahl der mit gewissen günstigen Eigenschaften ausgezeichneten, stets möglichst gleichartigen Stammthiere zur Erzielung der Beständigkeit und weiteren Ausbildung dieser Merkmale in den Nachkommen außerordentliche Erfolge erreicht haben, ist allbekannt. Das englische Rennpferd, der amerikanische Traber, die schnellwüchsigen fleisch- und fettbildenden Rinder, die feinwolligen Schafe, welche 35- bis 40,000 Haare auf dem Quadratzoll Hautfläche haben, während ihre Stammeltern deren nur 5000 trugen, die Hühner und Tauben, die bei einschlägigen Ausstellungen uns in hunderten, aber ganz charakteristisch verschiedenen Arten und Abarten vorgeführt werden, sind gewiß sprechende Beispiele genug für die wirksame Durchführbarkeit der Vererbung. Die Hauptschwierigkeit hierbei liegt aber darin, bei Ausscheidung anders- oder schlechtgearteter Individuen die Vorzüge der anerkannt besten Race möglichst zu befestigen; denn die Erfahrung lehrt, daß bei nur irgend verfehlter Wahl der Stammeltern die Natur die eigensinnige Richtung zeigt, eher die schlechten, als die guten Eigenschaften auf die Nachkommen zu übertragen. Das Fohlen nach einem langrückigen, hochbeinigen Hengst und einer kurzen, niederen Stute wird nicht diese Gegensätze ausgleichen und das wünschenswerthe Ebenmaß zeigen, sondern es wird eher eine kurzbeinige und langrückige Mähre sein.

Ein Scherz der „Fliegenden Blätter" hat diesbezüglich das Richtige getroffen: Ein schlauer, grundhäßlicher Bauer heirathet ein zwar blitzdummes, aber bildsauberes Mädel in der Erwartung, daß die Kinder gescheit wie der Vater und hübsch wie die Mutter werden sollen. Oberländer's Künstlerhand zeigt uns dann in sprechendem Bilde die Kinder, die häßlich wie der Vater und dumm wie die Mutter gerathen sind. Bezüglich der Mischlinge verschiedener Menschenracen bestätigt sich diese Erfahrung vollkommen. Mittel- und Südamerika zeigen eine wahre Musterkarte gemischter Typen. Die noch reinen Arier, meist spanischer Abkunft, sind die herrschende Classe und Träger der Bildung, die reinen Indianer sind für gewisse Verwendungen, als Jäger, Hirten, Boten und anderes, ihrer Verläßlichkeit und Nüchternheit wegen geschätzt, der reine Neger ist ein unter Aufsicht sehr leistungsfähiger Arbeiter, ein treuer, anhänglicher Diener, während die in den mannigfaltigsten Abstufungen zwischen diesen stehenden Mischlinge, meist die Fehler jeder anderen Race in sich vereinigend, ein ebenso verachtetes wie gefürchtetes, arbeitsscheues, freches, sittlich verkommenes Proletariat bilden.

Bei Besprechung der Schulfrage in unserem siebenten Capitel haben wir bereits als hauptsächlichste Merkmale des deutschen Stammes in körperlicher und geistiger Hinsicht hervorgehoben: die Leistungsfähigkeit und Ausdauer bei jeder Arbeit, die Anstelligkeit und Geschicklichkeit in allen erdenklichen Hand= und Kunstfertigkeiten, den persönlichen Muth, die Treue und Redlichkeit, gründliches Denken und Wissen, ein ideal= sittliches Streben und alle im wahren Christenthume wurzelnden Tugen= den. Die Uebertragung und Vererbung aller dieser Eigenschaften würde durch die Vermischung mit der in körperlicher und sittlicher Hinsicht tief unter uns stehenden semitischen Race entschieden gefährdet, ja auf Grund der früher erwähnten Beobachtungen müßten wir behaupten, daß die besseren Merkmale schwinden und die schlechten Eigenschaften der minderen Race mehr hervortreten werden, wie wir dies in der That bei der De= scendenz aus gemischten Ehen deutschen und jüdischen Stammes durch das auffallende Vorwiegen der semitischen Merkmale stets bestätigt finden. Halb= und Vierteljuden würden aber eine um so größere sociale Plage sein, als sie vor den ganzen Juden noch die Möglichkeit voraus haben, leichter in die übrige Gesellschaft einzudringen und diese zu verderben.

Glücklicher Weise jedoch wirken der Racenmischung beiderseits mächtige Ursachen entgegen: Auf Seiten des deutschen Stammes eine instinctive Abneigung, ein kaum zu überwindender Ekel gegen jede nähere Be= rührung mit Semiten, und auf Seiten Letzterer das „heilige" Gebot des Unvermischthaltens ihres Stammes. So waren die meisten bisher ge= schlossenen Ehen zwischen Christen und Juden wohl nur auf materielle Beweggründe zurückzuführen und dieser Umstand, wie auch die natürliche Racenabneigung waren die Veranlassung der vielen nach solchen Ver= bindungen sich ergebenden Ehescheidungen und Scandalprocesse.

Da wir Eingangs unserer vorliegenden Betrachtung das naturge= schichtliche Gebiet gestreift haben, so möchten wir noch nebenbei auf eine eigenthümliche Thatsache aufmerksam machen, welche ebenfalls auf eine sympathetische Abneigung zurückzuführen ist. Es ist doch gewiß auffallend, daß Juden niemals Hunde halten, selbst wenn sie, wie in den östlichen Ländern der österreichischen Monarchie, als Fleischhauer und Viehhändler solche recht gut verwenden könnten, und dies hat seinen Grund darin, daß der Hund nur dem Menschen treu und anhänglich ist, der ihm gutmüthig und mitfühlend entgegenkommt — Eigenschaften, die dem Semiten fremd sind und deren Mangel das Gewinnen der Zuneigung eines Hausthiers vollkommen ausschließt. Während der Hund bei allen civilisirten arischen und bei den meisten Naturvölkern, die ein Hirten= oder Jägerleben führen, als der treueste Genosse und Gehülfe des Menschen geschätzt wird, so sehen wir, daß der Jude fast niemals den Hund als Hausthier oder Begleiter hat. Daß die jüdisch=religiösen Schriften den Hund als etwas Unreines und Verächtliches hinstellen, ist kein genügender Erklärungsgrund für diese Erscheinung; denn in den meisten diesbezüglichen Citaten werden die Akum oder Gojim mit echt jüdischer Nächstenliebe den Hunden gleichgestellt und gewiß würden wir Akum uns dazu nur beglückwünschen, wenn die Herren Semiten auch uns jeglichen vertrauten Umgangs, sowie jeder gewinnsüchtigen Aufmerk= samkeit für unwürdig halten wollten.

Doch um zum eigentlichen Thema zurückzukommen, so haben wir bei ganz vorurtheilsfreier und unparteiischer Prüfung uns überzeugt, daß der deutsche Stamm durch Vermischung mit semitischem Blute nur ver= lieren würde; was wir dagegen in körperlicher Hinsicht von Seiten der Juden überkommen könnten, das sehen wir wohl täglich zur Genüge, um wahrlich kein Verlangen darnach zu tragen, wie ja auch die Dis= position zu aufreibenden Nervenleiden gewiß nichts Verführerisches für sich hat.

Und in geistiger Beziehung? Daß wir auf dem Gebiete idealer Richtung Nichts gewinnen können, ergibt sich einfach durch den Hinweis auf die früheren Ausführungen, wonach kein Museum der Welt, wo wir doch ausnahmslos alle Völker der Erde vertreten sehen, irgend welche Werke originell schaffender Judenkunst, die Culturgeschichte keine einzige bahnbrechende jüdische Erfindung in technischer oder wissenschaftlicher Richtung, die jüdisch=deutsche Literatur aber nichts Besseres als die von Dr. Brunner gebührend gezeichneten „Zwei Buschmänner" Börne und Heine aufzuweisen hat. Daß uns die Juden durch ein nach mehrtausend= jähriger Uebung ererbtes Geschick im Zwischenhandel und Geldmachen überlegen sind, geben wir gerne zu. Doch erscheint dieser Vorzug wesent= lich beeinträchtigt, wenn wir die uns vorliegenden, unter Mitwirkung des k. k. österreichischen Justizministeriums, von der k. k. statistischen Central=Commission veröffentlichten amtlichen Tabellen durchsehen, wonach die Juden nach der Volkszählung von 1880 zwar nur 4,5 Percent der Gesammtbevölkerung Oesterreichs ausmachen, aber an gerichtlich Verur= theilten, und zwar bei Veruntreuung 9,6, bei Betrug 15,2, bei Ver= leumdung 17,4, bei betrügerischer Crida 34,3 und bei Vergehen gegen die Wuchergesetze 61,7 Percent geliefert haben. Wir glauben daher als gute Christen und ehrliche Staatsbürger auf jeden Antheil an dieser gewiß übermächtigen Sinnesrichtung nach Betrieb von Geldgeschäften zum Besten unserer Mitmenschen bescheiden verzichten zu sollen.

Und wenn wir nun auf den Scherz der „Fliegenden Blätter" zurückgehen und uns denken, daß zu manchen unserer Schwächen — denn wer ist ohne Fehl und Makel? — sich die minderen körperlichen und „gewisse" geistige Neigungen einer anderen Race zugesellen und auf unsere Nachkommen vererben sollten, so würden unsere armen Kinder und Kindeskinder von „Gespenstern" verfolgt werden, die mit jenen Ibsen's es ganz wohl aufnehmen könnten; wir wären es dann selbst, welche die Keime des Wahnsinns und des Selbstmordes ihnen überantwortet hätten!

## XIII.
### Liberalismus und Socialismus.

Wohl allezeit hat es in der Welt Kummer und Sorgen, Noth und Elend gegeben; nach verheerenden Kriegszügen, welche ganze Länder verwüsteten, war die große Menge des Volkes zeitweise auch vor den Mangel am Nothwendigsten, vor Hungersnoth und Theuerung gestellt. Aber ähnliche Bestrebungen, wie die der heutigen Socialdemokratie, sind damals doch nicht zu Tage getreten. Die frühesten Anzeichen hierfür zeigten sich erst in den großen gesellschaftlichen Revolutionen des letzten Jahrhunderts, deren liberale Leiter die Worte „Freiheit und Gleichheit" auf ihre Fahne geschrieben hatten. Auch der neuzeitliche Liberalismus will seine selbstsüchtigen Bestrebungen hinter diesen Schlagworten verbergen; die Vortheile, die sich daraus ergeben, nimmt er aber nur für sich in Anspruch und hat dadurch auf wirthschaftlichem Gebiete jene Nothlage, insbesondere für den Arbeiterstand, geschaffen, welche dieser Letztere als ganz unleidlich empfindet.

Wenn nun auch die große Menge der Arbeiter, die Proletarier, sich nur über das Eine klar sind, daß es so nicht weiter gehen könne, daß um jeden Preis eine Aenderung eintreten müsse, so haben dagegen die Führer, welche sich an die Spitze der socialistischen Bewegung gestellt haben, die Forderungen ihrer Partei auch theoretisch formulirt und in ein bestimmtes Programm gebracht, welchem ebenfalls die oben angeführten Schlagworte der Liberalen zu Grunde liegen. Der Socialdemokratie erscheinen nämlich die gegenwärtigen wirthschaftlichen Zustände so unerträglich), daß sie nur in dem Umsturz alles Bestehenden ihr nächstes Ziel sieht und den dann nothwendigen Wiederaufbau der menschlichen Gesellschaft vorerst nur in märchenhaften Bildern sich ausmalt, wie solche der Phantasie der einzelnen Führer in verschiedenster Gestalt vorschweben. Allerdings würde die Mehrzahl es noch vorziehen, diese Umwälzung in nächster Zeit auf friedlichem Wege, etwa durch das allgemeine Stimmrecht zu erzielen; aber ebenso ist dieselbe Mehrheit entschlossen, wenn dies nicht bald sein könnte, dann den Weg der Gewalt, sowie er Aussicht auf Erfolg verspräche, und zwar mit Hintansetzung aller sonstigen menschlichen Rücksichten zu betreten. Die sociale Gefahr besteht demnach heute in der Lehre, daß der Arbeiter innerhalb der jetzigen Gesellschaftsordnung seine Lage dauernd nicht zu bessern vermöge und daher die Staatsgewalt selbst in Besitz nehmen müsse, um von Staatswegen die sociale Ordnung im Interesse der Arbeiter zu ändern.

Das Streben nach Freiheit unserer Liberalen richtete sich zu allererst auf die Emancipation von jeder religiösen Ueberzeugung und daher auch von jeder Beeinflussung von Seiten irgend einer Religionsgenossenschaft, wie dies allein den Anschauungen der „Materialisten" entspricht, welche, von einer höheren Bestimmung des Menschen absehend, nur den zeitlichen Lebensgenuß und als Mittel dazu den größtmöglichen Besitz irdischer Güter als Endzweck des Erdenlebens bezeichnen. Wenn nun die „hochgebildeten" Anhänger des Liberalismus in unseren christlichen Staaten in den Vertretungskörpern, im Lehramte und bei allen öffentlichen Gelegenheiten unablässig bestrebt sind, die christliche Religion herabzusetzen und den Glauben an Gott wie an christliche Wahrheiten lächerlich zu machen, darf man es dann wohl dem armen und bedrückten Proletarier verübeln, wenn er sein hartes Loos nicht mit Geduld und Ergebung tragen will, sondern auch seinen Antheil an den Freuden und Genüssen des irdischen Daseins fordert? Deshalb sieht, von den Liberalen angeregt, der Socialdemokrat das Christenthum als einen Feind seiner Bestrebungen an, weil es die Aufhebung des Privateigenthums mißbilligt, sowie auch leugnet, daß der materielle Lebensgenuß der Hauptzweck des Lebens sei.

Aber nicht nur auf dem Gebiete der Moral, sondern auch auf dem wirthschaftlichen hat der Freiheitsbegriff der Liberalen die socialistischen Anschauungen zum Durchbruche gebracht. Durch die uneingeschränkte Freigebung des Handels, der Vermittelung zwischen Erzeugung und Verbrauch, welche insbesondere von Leuten betrieben wird, die zu wirklich schaffender, zur Handarbeit untüchtig und unluftig sind, ist die ganze Volksarbeit in die Hände der „Geschäftsleute" gekommen, welche nach dem sogenannten „ehernen Lohngesetze" dem Arbeiter selbst nur genau so viel zukommen lassen, als zum allerbescheidensten Dasein unbedingt erforderlich ist, während der Rest des Verkaufswerthes von den Geschäfts=leuten „verdient" wird. Dieses Verhältniß wird durch die „freie Con=currenz" nicht geregelt, sondern verschärft; denn bei der zunehmenden Vermehrung der Mitbewerber um einen möglichen Handelsgewinn und dem dadurch steigenden „Risico" muß das Bestreben bei gleichzeitiger Verarbeitung schlechteren Materials, unter weitester Anwendung von Fälschungen und Nachahmungen zur Erzeugung immer noch billigerer Waare, doch auch stets eher auf eine Verminderung, als auf eine Er=höhung des Arbeitslohnes gerichtet sein. „Hohe Preise erzielen und geringe Löhne zahlen" ist in den Augen der liberal=capitalistischen Partei die höchste Handels= und Bürgertugend; bei strenger Kritik bleibt aber von dieser Tugend nichts übrig als die gewissenloseste Uebervor=theilung anderer Menschen. Diese Auslegung der Freiheit auf wirth=schaftlichem Gebiete treibt heute die Mittellosen gewaltsam und schaaren=weise in die Reihen der Socialdemokraten.

Wie demnach die „Freiheit" der Liberalen sich als eine freche Lüge zeigt, so ist die Art, wie sie auch wieder nur zu ihrem allereigensten Vortheile die „Gleichberechtigung" auslegen, ein wahrer Hohn auf die allgemeinen Menschenrechte.

Nachdem die Vorrechte der Kirche und des Adels, alle Einrichtungen zum Schutze der Gewerbe und des Handwerkes dem Liberalismus zum Opfer gefallen waren, hat er dagegen jetzt durch den überwiegenden Einfluß des mobilen Großcapitals im geselligen und politischen Leben Unterschiede geschaffen, wie solche früher nie bestanden haben, und es gewährt heute thatsächlich das Geld mehr wirkliche Vorrechte, als dies sonst je der Fall war. Auch im modernen Staate bildet schon das Vorhandensein an sich von Vermögen, welche nach Milliarden zählen. eine um so größere Gefahr, als diese einen Factor darstellen, mit welchem der Staat bei Entscheidung der wichtigsten Fragen der äußeren Politik zu „rechnen" genöthigt ist, wobei er sich des Rechtes freieigener Ent=schließung begeben, sowie seiner Stellung und Würde als Großmacht zu Gunsten des Großcapitals entsagen muß. Ein derartiger Zustand ist schmählicher als die traurigsten Niederlagen in einem unglücklichen Kriege, denn ein solcher Staat — hat seine Ehre verkauft.

Mit der Idee voller Gleichberechtigung hat übrigens der Liberalismus in nationaler Beziehung gegen sich selbst eine zweischneidige Waffe geschmiedet. Begierig ist diese Anregung z. B. in Oesterreich von allen Nationalitäten aufgegriffen worden, welche sich Anderen gegenüber in Bezug auf Amts=, Schul= und Umgangs= oder Verkehrssprache, auf vermeintliche alte Rechte, auf Berücksichtigung ihrer Eigenart zurückgesetzt fühlten und in diesem Kampfe haben die Judenliberalen gerade jenen Parteien sich angeschlossen, welche mit übertrieben nationalen Forderungen am schroffsten hervortraten. Daß die Magyaren in Ungarn und daß die Slaven in den slavischen Ländern mit Ausschluß anderer Nationen im ganzen öffentlichen Leben die Tonangebenden sein wollen, auch daß die Deutschen mit Jenen nicht überall sich abfinden können, finden die Judenliberalen ganz begreiflich und helfen womöglich durch künstliche Verschärfung aller Gegensätze bei der Hetze mit, wahrscheinlich um im Trüben fischen zu können; daß aber die erbgesessenen Deutschen von Einwanderern semitischen Stammes sich nicht gedulbig meistern, sich nicht ausbeuten und nicht aus ihrem Vaterlande verdrängen lassen wollen — das finden sie unbegreiflich. Die Arier unter einander, der Deutsche und Slave, mögen immerhin sich befehden und ihre nationalen Rechte gegenseitig geltend machen; dies entspricht der semitischen Selbstsucht nach dem Satze: «duobus litigantibus tertius gaudet». Aber daß der Deutsche sich Gesetze für jüdische Stammesvortheile nicht ohne Weiteres aufzwingen lassen, daß er die Preßerzeugnisse eines fremden Stammes und fremder Geistesrichtung abwehren, daß er in seinen christlichen Schulen keine Juden als Lehrer dulden will, das soll gegen dieselbe liberale Gleichberechtigung verstoßen, welche jeder Nation ihre selbstbewußte Eigenart verbürgt wissen will! Man sieht hieraus, daß die Folgerichtigkeit der Liberalen selbst auch schon bedenklich orientalisch angekränkelt ist.

So sollte man bei oberflächlicher Beurtheilung auch meinen, daß den gleichen Rechten doch gleiche Pflichten entsprechen müßten; aber bei unparteiischer Betrachtung unserer socialen Verhältnisse sehen wir an hundert Beispielen, daß dies durchaus nicht der Fall ist. Dem Armen wird Arbeit zur Pflicht gemacht und die Moral sagt ihm, daß Fleiß eine Tugend und Müßiggang aller Laster Anfang sei. Beim Reichen wird wirkliche Arbeit als etwas Verächtliches, als eine Schande betrachtet — seine Tugend ist der Fleiß im Genusse und Müßiggang wird bei ihm als ein ganz natürlicher Zustand und als das Attribut vornehmeren

Ranges betrachtet. Der Wechsel im unbeweglichen Besitze, jeder Vertrag, alle Einkünfte, jedes Rechtsgeschäft auch unter den wenigst bemittelten Leuten sind durch Abgaben an den Fiscus in Form von Uebertragungsgebühren, von Stempel, Taxen und Steuern belegt, während die auf dem Wege der Speculation, der Börsengeschäfte, der Gründungen und Actiengesellschaften in den letzten 25 Jahren dem Wohlstande des erbgesessenen vaterländischen Volkes entzogenen Milliarden beinahe unbesteuert in die Taschen moderner Raubritter hinüber gewandert sind. Aber nicht nur alle materiellen, sondern auch fast alle geistigen Genüsse, Cultur, Kunst und Bildung, sind thatsächlich nur mehr für den Reichen vorhanden, während sie dem Armen verschlossen bleiben. Der Arbeiter wird verachtet, weil er ungebildet ist; er kann sich aber nicht bilden, weil Bildung Geld kostet, und das hat er nicht. Alle kostspieligen Unterrichtsanstalten, Gymnasien, Akademien, Universitäten, werden vom Staate, d. h. aus den proportionellen Beiträgen aller Steuerzahler, auch der Arbeiter, der Wenigbemittelten erhalten, thatsächlich sogar mehr durch diese als durch die Millionäre, welche bekanntlich verhältnißmäßig viel weniger zur Steuerleistung herangezogen sind. Diese Anstalten kommen aber nur Jenen zu Gute, welche mindestens soviel besitzen, um bis zu ihrem 18., beziehungsweise 23. Lebensjahre ohne eigene Erwerbsthätigkeit leben zu können — allen Anderen sind sie verschlossen. Und dennoch wagen dann die Reichen, welche ihre Söhne zum Theile auf Kosten dieser Armen studiren ließen, Letzteren gelegentlich noch ihre Unbildung vorzuwerfen! Wo bleibt da die Folgerichtigkeit und das gleiche Recht für Alle? So sehen wir also, daß die Gleichberechtigung der Liberalen gerade so ein Unding ist, wie es jene der Socialdemokraten wäre, wenn diese einmal eingeführt werden sollte, mit dem einzigen Unterschiede, daß dort allein die Reichen die Bevorzugten sind, wie es beim Communismus die Rücksichtslosesten und Gewaltthätigsten wären.

Und dennoch können wir unserer festen Ueberzeugung nicht entsagen, daß bei wirklich gutem Willen und bei Vermeidung jeder Voreingenommenheit es vollkommen thunlich wäre, im Rahmen unserer staatlichen Ordnung und auf dem Boden christlicher Anschauung dauernde Abhülfe zu schaffen. Bei dem, was zu erstreben ist, werden sowohl wir als auch unsere heutigen Gegner gewiß zufrieden sein, wenn die materiellen Bedingungen für eine gesittete, menschenwürdige Existenz Aller verbürgt sind. Ist denn der Arbeiterstand bisher gerecht behandelt worden? Ist der einzelne Arbeiter in der Lage gewesen, sich gegen Willkür, Gewalt und Unrecht zu vertheidigen? Wenn wir aber den Arbeiter überzeugen, daß er nicht nur Pflichten, sondern auch Rechte in der menschlichen Gesellschaft haben muß und daß diese Rechte, insbesondere jenes auf Arbeit, unter allen Umständen anerkannt und geachtet werden, dann ist die drohende Gefahr beseitigt. Zieht man jedoch, wie bisher, den Weg der Einschüchterung und Gewalt vor, dann mögen die staatlichen Organe zusehen, wie sie mit der furchtbaren Macht des bald vollständig und international organisirten Arbeiterstandes fertig werden.

Wer große Industriebezirke, insbesondere Kohlenbergwerks-Reviere besucht hat, kennt jene Specereiläden, Victualienhandlungen, Wirthshäuser und Schnapsboutiquen, welche bei der erzwungenen Kundschaft der gesammten Arbeiterschaft vorzügliche Geschäfte machen. In den Industriebezirken sind die Händler meist auch Besitzer der Häuser, in denen sie ihr Geschäft betreiben; in vielen Bergwerks-Revieren steht aber das Haus auf dem Grunde der Gewerkschaft, ist an den Händler vermiethet, oder es ist der Betrieb der Cantine, des Geschäftes um hohen Zins mitverpachtet, so daß der Bergwerksbesitzer, die Actiengesellschaft mittelbar auch noch die eigenen Arbeiter ausbeutet, die mit ihren Einkäufen an jene Geschäfte gewiesen sind. Die Gewissenlosigkeit des Arbeitgebers, der „löblichen" Direction, wetteifert hier mit der Geldgier, Habsucht und berechnenden Schlauheit des jüdischen Schänkers und Händlers, um dem geknechteten Fabrikarbeiter, dem in aufreibender Arbeit sich verzehrenden Bergmann jeden sauer verdienten Gulden wieder abzujagen. Wenn dann vielleicht bei einer durch unerhörten Druck veranlaßten Arbeitseinstellung solch' jahrelanges Elend in verzweiflungsvollem Ausbruche sich Luft macht und dabei einige Fässer und Fensterscheiben einer jener „Gifthütten" zerschlagen werden, dann beruhigt sich dieselbe „humane" Presse, welche für den ganzen Jammer von Tausenden beständig taube Ohren hatte, erst wieder, nachdem der vergossene Branntwein mit dem Herzblute christlicher Arbeiter gesühnt, die Dividenden der im Ueberflusse schwelgenden Actionäre durch Menschenopfer gerettet worden sind. Wo gäbe es einen Boden, der besser vorbereitet wäre, als gerade hier, um der Saat socialdemokratischer Lehren, dem Wunsche nach rächender Vergeltung das üppigste Gedeihen zu verbürgen?

Constitution, Parlamentarismus, jede ersprießliche Vertretung der Interessen der unteren Volksclassen, des Arbeiterstandes, wird durch die Vergewaltigungen, die „Majorisirung" von liberal-capitalistischer Seite her unmöglich gemacht. So hat die vielgepriesene „Gleichheit" dem

Volke vollständige Schutzlosigkeit gebracht und hat es schließlich als Arbeitermasse oder Sklavenbande in die Hände und die Willkür des Großcapitals überliefert. Hatten die Socialisten früher die liberal=materialistische Weltanschauung übernommen, wonach der Lebensgenuß das Hauptziel des Menschen auf Erden sein sollte, so fordern sie jetzt weiter, eben auf Grund der liberalen „Gleichheit", auch ihren Antheil an Freuden und Genüssen und dies um so mehr, als sie recht wohl wissen, daß die Quellen der großen Reichthümer der Neuzeit nur trübe, daß diese nicht durch eigene Arbeit, sondern durch Handel, Speculation und Groß= industrie, oft auch durch schlechte Mittel, durch List und Betrug, durch Ausnützung der Nothlage der Mitmenschen erworben worden sind. Ist es nicht folgerichtig, wenn der Socialdemokrat dem Liberalen zuruft: „Ihr gebt uns Gleichberechtigung im Staate, die in ertraglosen Rechten besteht; aber den größeren Besitz, den zumeist unsere Hände geschaffen, der Euch Macht und Ansehen im Staate und höheren Lebensgenuß ge= währt, wollt Ihr für Euch behalten? Euere Gleichberechtigung ist eine falsche, sie ist nichts als Heuchelei!"

Wir sehen jetzt also, daß der Liberalismus so recht eigentlich der Urheber und Schöpfer der socialdemokratischen Strömung ist. Der Libe= ralismus hat wohlbewußt und vorbedacht die unerträglichen wirthschaft= lichen Zustände geschaffen und verschuldet, er gilt aber heutzutage in den meisten Staaten als eine Macht, gegen welche von Rechts und Polizei wegen Nichts eingewendet werden soll; denn er hat sich einen bestimmenden Einfluß auf die Regierungskreise zu sichern gewußt, obgleich er nur der einseitige Vertreter der capitalistischen Interessen ist. Sein agitatorischer Trieb dagegen läuft nur mehr auf Phrasen hinaus, an welche er selbst nicht glaubt und die, jeder überzeugenden Macht ermangelnd, Niemanden mehr täuschen können, selbst wenn die Liberalen ihre jeweiligen „Errungen= schaften" mit den glänzendsten Zweckessen und Festmahlen feiern. Der Liberalismus ist heute sogar entschieden staatsfeindlich, weil seine Be= strebungen geradezu auf die Schwächung der Staatsgewalt abzielen, und so ist es den freiwilligen und bezahlten capitalistischen Vertretern, die zur Zeit allein noch seine Stammhalter sind, nur darum zu thun, die Staatsgewalt von jedem Eingreifen in die socialen Angelegenheiten fern zu halten, oder, wie Lassalle treffend sagte, auf den Nachtwächterdienst zu beschränken.

Das Schuldbewußtsein des Liberalismus meldet sich auch jetzt bei den leisesten Anzeichen selbstständiger Regungen der geknechteten Massen.

Die Religion hat er verworfen als Mittel, um die „Enterbten" zu trösten und zu leiten; er findet es „humaner", „brüderlicher". gleich an Hinterlader und Bajonnette zu appelliren, handelt es sich ja doch nur um — elende Proletarier!

Vom Standpunkte einer nationalen und christlichen staatserhaltenden Partei müssen die Ziele des kosmopolitischen und confessionslosen Liberalismus, sowie jene des Socialismus gleich gefährlich erscheinen; wenn Letzterer zwar auf baldigen und gewaltsamen Umsturz unserer gesellschaftlichen Ordnung sinnt, so würden wir durch Ersteren, den Liberalismus, zwar langsamer, aber gewiß ebenso sicher unserem wirthschaftlichen Verderben rettungslos verfallen.

## XIV.
### Eine alte Geschichte.

Zur Zeit der Thronbesteigung und der ersten Regierungsjahre Ludwig XIV. in Frankreich waren die Finanzen in einem trostlosen Zustande, der Staatsschatz war gänzlich erschöpft, der Staatscredit fast verloren, da keine Zinsen gezahlt wurden, die Armeen wurden nicht entlohnt und ihre Führer waren darauf angewiesen, durch räuberische Kriegszüge im Auslande dieselben zu erhalten. Während in Paris und in größeren Städten ein ungeheurer Luxus herrschte, war das Landvolk durch einen barbarischen Steuerdruck bis auf den letzten Heller ausgepreßt worden. Nach Schlosser's Weltgeschichte Bd. 13, S. 47 erklärte der Generaladvocat Talon im Staatsrathe: „Seit zehn Jahren ist das Land zu Grunde gerichtet, die Bauern schlafen auf Stroh, ihr Vieh und ihre Geräthe sind verkauft; um den Luxus in den Städten unterhalten zu können, leben Millionen von Menschen nur mehr von Kleienbrod — sie besitzen Nichts mehr als ihre Seele, die nicht gepfändet werden kann". Trotz einer in zwei Kammern gegliederten Reichsvertretung und eines aus den erfahrensten Würdenträgern zusammengesetzten Staatsrathes schien jede Abhilfe unmöglich, bis im Jahre 1660 Colbert zur Leitung der Staatsfinanzen berufen wurde, nachdem er dem Könige mit seltenem Freimuthe die Sachlage wahrheitsgetreu geschildert und zur beantragten Hilfe dessen Genehmigung erhalten hatte. In Frankreich hatten sich nämlich aus beinahe aller Herren Ländern eine Menge von Speculanten und gewissenlosen Geschäftsleuten eingefunden, welche die unruhigen Zeiten bei einer wenig selbstbewußten Regierung für ihre eigenen Vortheile in schonungsloser Weise auszubeuten wußten. Durch Pachtungen von Monopolen und Gefällen, durch Lieferungen für die Armee und Marine, durch Darlehen an den Staat, für welche sie sich Krongüter verpfänden ließen, durch billigen Ankauf solcher Domänen bei Bestechung der intervenirenden Beamten, durch Besetzung der Aemter mit ihnen ergebenen Kreaturen, durch Veranstaltung von Lotterien, bei denen das große Publicum durch Vorspiegelung hoher Gewinne um seine Einlagen betrogen wurde, durch Bewucherung der leichtlebigen Aristokratie, deren Verschwendungssucht nur unterstützt wurde, um dann in den Besitz der schönsten Herrschaften des Landes zu gelangen, hatten im Laufe von 25 bis 30 Jahren jene Speculanten ungeheuere Reichthümer angesammelt, während Volk und Staat seinem Verderben verfallen schien.

Am 5. September 1661 ließ Colbert den General-Intendanten Fouquet, welcher der mächtigste und unverschämteste jenes Gesindels war, verhaften und in der Bastille festsetzen. Die vorerwähnten Speculanten und Finanzmänner, über deren Verhältnisse Colbert sich durch geheim geführte Informationen genaue Kenntniß verschafft hatte, erhielten den Befehl, binnen acht Tagen genaue Ausweise über ihren Vermögensstand vom Jahre 1635 bis 1661 vorzulegen, in denen alle während 25 Jahren vorgekommenen Veränderungen urkundlich und an Eidesstatt aufgeführt sein mußten. Diese Ausweise wurden einem zu diesem Zwecke zusammengesetzten Gerichtshofe (Restitutions-Tribunal) zur Prüfung und Entscheidung vorgelegt und hiernach die Rückerstattung aller durch Wucher, Schwindel und Betrug dem Staate und Volksvermögen entzogenen Güter, Geldsummen und Werthe festgesetzt. Die von den Speculanten seit 1635 abgeschlossenen Käufe, Darlehen, Cessionen, Verträge waren vorbehaltlich der Aussprüche jenes Gerichtshofes für null und nichtig erklärt worden, und auf alles unbewegliche Vermögen wurde vom Staate Beschlag gelegt. Um Verschleppungen vorzubeugen und damit Niemand von den Schwindlern entkommen konnte, war an allen Grenzen ein eigener Wachtdienst eingeführt; in den Hafenstädten durfte bis auf weitere Anordnung kein Capitän bei persönlicher Verantwortung Passagiere auf sein Schiff aufnehmen, und im Innern des Landes wurde den Gemeinden die strengste Ueberwachung der Finanzbarone übertragen.

Die dem Staate in Folge dieser Maßregeln rückerstatteten Werthe betrugen 6 Milliarden Francs, gleich 2400 Millionen Gulden. Sämmtliche Staatsschulden wurden getilgt; die Steuern auf ein Drittel herabgesetzt; mit Unterstützung aus Staatsmitteln wurde in allen Provinzen die industrielle Thätigkeit angeregt; es entstanden überall Fabriken und Manufacturen, deren Bestand durch mäßige Schutzzölle gesichert wurde; für die Colonieen wurden aus Staatsmitteln große Handelsgesellschaften gegründet; zur Beschäftigung der verarmten Handarbeiter Staatswerkstätten errichtet; Straßen=, Hafen= und Canalbauten unternommen; endlich wurde die Armee und Marine vermehrt; Kunst und Wissenschaft in freigebigster Weise gefördert, und Frankreich so zu jener Macht und materiellen Blüthe erhoben, welche Ludwig XIV. durch lange Jahre als den ersten Monarchen Europas glänzen ließ.

Soweit die Thatsachen oder das Geschichtliche, dessen Kenntniß allein uns aber wenig nützen würde. Uns muß vielmehr daran gelegen sein, die Gesichtspunkte und Beweggründe kennen zu lernen, welche Colbert bei seinem Vorgehen geleitet haben, und über welche die Culturgeschichte der damaligen Zeit uns Aufschluß gibt.

Mittelst seiner scharfen Beobachtungsgabe hatte Colbert bald erkannt, daß es fast in jedem Stande, in jeder Nationalität Individuen gibt, die im unmäßigen Gelderwerbe, im Sammeln von Reichthümern ihren ersten und vornehmsten Lebenszweck erblicken, daß aber insbesondere bei ganzen Volksstämmen diese Sinnes= und Geistesrichtung zu den charakteristischen Raceneigenthümlichkeiten gehört. Wie in Ostindien die Chinesen, im Oriente die Armenier sich als Träger des Zwischenhandels und der Geldvermittlung festgesetzt haben, so war dies in Europa mit den Juden der Fall. Colbert's staatsmännische Klugheit und sein unträglicher Scharfblick hatten ihn diesen wichtigen Umstand in's Auge fassen lassen. Mehr als durch einzelne Feudalherren, welchen damals zum Theil noch das Recht zustand, Bewaffnete zu unterhalten, sah er den Staat durch die Besitzer von riesigen Vermögensmassen bedroht. Dort war ein sichtbarer und greifbarer Gegner, der leicht zur Botmäßigkeit gebeugt werden konnte, hier aber Gegner mit verborgenen Waffen, welche durch Bestechung sich die Beamten des Staates und die Diener der Gerechtigkeit fügsam machten, um mit deren Hilfe und Unterstützung alle gegen sie gerichteten Maßregeln zu vereiteln oder den Folgen derselben entgehen zu können. Dies war der eine der für Colbert seinerzeit maßgebenden Gesichtspunkte, und nachdem die Gemeinschädlichkeit und Gemeingefährlichkeit der Speculanten erkannt war, erfolgte die Abänderung der Gesetze auf verfassungsmäßigem Wege und als Ausfluß der Machtbefugnisse des Monarchen.

Der zweite bestimmende Grund für Colbert war jener der Selbsthilfe und der Nothwehr, welcher zeitweilig unbeschränkte Ausnahms=

maßregeln geboten erscheinen ließ. So wie nämlich unter gewissen Voraussetzungen dem einzelnen Staatsbürger die Nothwehr gesetzlich gestattet ist, so gilt dasselbe Recht unzweifelhaft auch für den Staat. Wie das Völkerrecht im internationalen Verkehr für gewisse Fälle die Zulässigkeit der Selbsthilfe anerkennt, so muß dem Staate ein Recht zur Anwendung von Ausnahmsmaßregeln ganz besonders in Verhältnissen zugestanden werden, wo das materielle Wohl des weitaus größten Theiles der Unterthanen, wo die höchsten geistigen Güter des Volkes bedroht sind und wo mangelhafte Gesetze für die Abwehr dieser Gefahren nicht ausreichen.

Wenn es im vorliegenden Falle sich darum handelte, in Frankreich dem Volksvermögen zurückzugewinnen, was demselben durch gewissenlose und eigennützige Speculanten entzogen worden war, so müssen wir hierbei hervorheben, daß nicht bloß der Begriff des Eigenthumsrechtes überhaupt kein unbedingt feststehender ist, sondern daß Modificationen desselben in Ausnahmsfällen socialer Verhältnisse eben so sehr vom rein menschlichen, wie auch vom christlichen Standpunkte als vollkommen gerechtfertigt erscheinen können. Sobald nämlich die socialen und wirthschaftlichen Verhältnisse durch äußere oder innere Gründe in greller Weise zu Ungunsten der Gesellschaft im Großen und Ganzen verschoben wurden, macht sich sofort das unabweisliche Bedürfniß nach einem Ausgleiche zum Besten der Gesammtheit geltend. Ohne in die Unterscheidungen der Rechtstitel des dominium proprietatis plenum und des dominium utile des alten Rechtes und auf die diesbezüglichen Lehren der Kirchenväter Ambrosius, Thomas, Isidor, Chrysostomus, Augustin u. A. näher einzugehen, sei hier nur ein Beispiel eines alltäglich möglichen Falles und dessen natürlicher Lösung gegeben.

Nehmen wir an, daß bei einem Schiffbruche es einer Anzahl von Reisenden gelingt, auf einem kleinen Boote dem unmittelbaren Tode zu entrinnen. Nur einer der Insassen, ein selbstsüchtiger Lebemann, hatte noch im letzten Augenblicke seinen mit Lebensmitteln vollgestopften Koffer in das Boot werfen können, und erst als er anfängt, seine Vorräthe an Trüffelpasteten, Zungenwürsten, westphälischen Schinken und Gänsebrüsten durchzumustern, kommen seine Begleiter zum Bewußtsein, daß sie selbst Nichts haben, um bei längerer Seefahrt ihr Leben zu fristen. Sollten diese jetzt vielleicht das Eigenthum jenes Egoisten so weit für unverletzlich halten, daß sie selbst nur zusehen, wie jener sich sättigt; sollten sie vielleicht in Entsagung zu Gott beten, er möge Jenem eine gute Verdauung gewähren, während sie selbst des elendesten Hungertodes sterben müssen? Gewiß nicht! Ihrer Ehrlichkeit und selbst ihrer christlichen Nächstenliebe werden sie nichts vergeben, wenn sie dem Lebemann sagen: „Deine Vor= räthe werden jetzt unser Gemeingut sein, und wir werden theilen, so daß Jedem von uns gleich viel davon zukomme". Und der Lebemann selbst wird es am Ende menschlich und natürlich finden, so wie auch der kluge Speculant zu Colbert's Zeiten sich willig der allgemeinen Liquidation gefügt hat, wo die Verständigung sich etwa in folgender oder ähnlicher Weise abgespielt haben mag:

Staatscommissär: Was besaßen Herr Baron, als Sie vor 25 Jahren aus Polen zu uns kamen?

Baron: Meinen Hausirerpack.

Commissär: Und was besitzen Sie jetzt?

Baron: Höchstens 15 Millionen Francs.

Commissär: Wie haben Sie diese Millionen erworben? Haben Sie etwas erfunden, viel gearbeitet?

Baron: Ich habe einige Unternehmungen gegründet, die reichen Gewinn versprachen; die Actien standen sehr hoch, als ich mich derselben entledigte — jetzt stehen sie sonderbarer Weise auf Null, wahrscheinlich weil meine Nachfolger jene Unternehmungen nicht zu leiten verstanden.

Commissär: Ganz gut — für Ihre Mühe wird Ihnen eine halbe Million belassen, der Rest wird eingezogen.

Baron: Herr Commissär sind sehr gütig, ich habe die Ehre, mich bestens zu empfehlen.

In diesem Sinne ungefähr dürfte die Abwickelung der Rücker= stattung sich in ruhigster Weise vollzogen haben.

Daß aber auch heute die modernen Raubritter und deren treue Herolde — die stammverwandte Judenpresse — sich gar wohl bewußt sind, wie die Schaffung von „gewissen" Ausnahmsgesetzen nur eine Frage der Zeit und wie Besitztitel überhaupt nur durch jeweilige Gesetze verbürgt sind, aber, in Folge der den allgemeinen Sittlichkeits= und christlichen Moralbegriffen hohnsprechenden und zuwiderlaufenden Aneignung, jederzeit wieder verwirkt werden können, steht außer allem Zweifel.

Während der nachmalige Minister Hobrecht im preußischen Abge= ordnetenhause am 20. Nov. 1880 erklärte, daß in einer gleichberechtigten Gesellschaft Nichts unerträglicher ist als das „maßlos fürchterliche Ge= schrei in ganz Israel, wenn Einem von ihnen auf die Hühneraugen getreten wird", so können wir dagegen sagen, daß diese übergroße Empfindlichkeit für Ihresgleichen die Juden wahrlich nicht hindert, selbst Alles, was dem christlichen und deutschen Volke achtungswerth und unantastbar erscheint, mit schamloser Frechheit anzugreifen und herabzusetzen. Daran mahnt auch ein fast alljährlich sich wiederholender Feldzug der Judenpresse gegen das Vermögen und den liegenden Besitz der katholischen Kirche und der Ordenshäuser in Oesterreich-Ungarn, welcher dem habsüchtigen jüdischen Großcapitale gewaltig in die Augen sticht.

Eben jetzt gelegentlich der agrar-socialistischen Bewegung in Ungarn, deren zeitweilige Unterdrückung mit erschossenen Männern, Weibern und Kindern erstritten wurde, wird das beliebte Thema von der ungarischen Judenpresse in einer neuen Tonart variirt. Im ungarischen Tieflande zwischen Donau und Theiß sind zahllose Bauern durch den ausschließlich in Judenhänden befindlichen Großgrundbesitz ausgekauft worden und fristen jetzt als einfache Taglöhner bei kärglichem Verdienste ein kümmerliches Dasein. Um nun den jüdischen Gutsbesitzern weitere Unannehmlichkeiten oder Verlegenheiten zu ersparen, schlägt die solidarische Judenpresse der Regierung vor und kündigt darauf abzielende Anträge im dortigen Reichstage an, daß diese etliche Tausend ehemalige Bauernfamilien auf dem den **Landesbischöfen** und **katholischen Studienfonds** gehörigen Grundbesitze anzusiedeln seien, welch' letzterer selbstverständlich zu diesem Zwecke — also zur **Sühnung jüdischer Gaunerei** — einfach zu säcularisiren sei. Der Hintergedanke dabei ist natürlich, dann auch dort die wieder seßhaften Bauern durch reiche Juden ablösen zu lassen und so den Besitz der katholischen Kirche in die unreinen Hände Israels hinüberzuschmuggeln.

Ungefähr dasselbe aber wird in allen deutschen Landen durch das stets wieder nahegelegte Einziehen sämmtlicher Güter der „todten Hand" zu Gunsten des Fiscus beabsichtigt, aus welchem die Juden die confiscirten Werthe zuversichtlich recht bald wieder **herauszufischen gedenken.**

Wie man nun einerseits über die maßlose Keckheit staunen muß, daß Juden, fremde Eindringlinge in ein christliches Gemeinwesen, es wagen können, eine christliche Regierung schlankweg zur Beraubung der eigenen Kirche aufzufordern, zur Einziehung jener Güter, welche ausschließlich Schenkungen und frommen Stiftungen hochherziger christlicher Herrscher und edler Menschenfreunde ihren Ursprung und Bestand verdanken, so können wir andererseits aus dieser durch Neid und Habsucht dictirten Aufforderung entnehmen, wie wohl die Juden sich bewußt sind, daß gegebenen Falles die „Staatsraison" auch über die bestbegründeten Eigenthumsrechte sich hinwegsetzen könne. Die Juden wollen sonach offenbar das Kirchenvermögen als **Blitzableiter** auf ihre durch Wucher und Schacher zusammengescharrten Schätze aufstellen, wobei sie allerdings übersehen, wie sehr sie uns dadurch nahelegen, die Judenmilliarden als die **Sparbüchse** des christlichen Staates zu betrachten, welche man einfach zerschlagen wird, sobald es nöthig und geboten erscheint.

## XV.
### Schlußwort.

Sobald die Gemeinschädlichkeit und Gemeingefährlichkeit des jüdischen Elementes innerhalb eines christlich=arischen Staatswesens grundhältig und nach deren vollem Umfange bekannt ist, gehört zur thatsächlichen und endgültigen Lösung der Judenfrage selbst nur das feste und selbstbewußte Wollen der die oberste Staatsgewalt vorstellenden Personen; denn die Durchführung der einzelnen dazu erforderlichen Maßregeln wird nur dort anscheinend große Schwierigkeiten bieten, wo es am guten Willen und der nöthigen Entschiedenheit von Seiten der Executivorgane fehlt.

Jedenfalls wird die Lösung dieser socialen Frage auch je nach der in den verschiedenen Staaten herrschenden Regierungsform erleichtert oder erschwert sein, und es wird in dem einen Lande summarischer, vielleicht rücksichtsloser vorgegangen werden können, wo die Juden noch unter Ausnahmegesetzen stehen als in anderen Staaten, wo denselben bereits seit längerer Zeit die bürgerliche Gleichstellung mit den einheimischen christlichen Staatsbürgern gewährt worden war. Was die Regierungsform selbst anbelangt, so muß die autokratische Herrschaft eines christlichen Monarchen, welcher wie in Rußland noch überdies das Oberhaupt der Landeskirche ist, den Juden gewiß die verhaßteste sein; denn mit einem Federstriche verweist er die Blutsauger seines Volkes, die zugleich das Hauptcontingent zu Nihilisten und Attentätern stellen, über die Grenzen seines Reiches. Wie ganz anders konnte dagegen der Jude in einem constitutionellen Staate gedeihen, wo eine ihm dienstbare Majorität in den Vertretungskörpern, mit absichtlich geschlossenen Augen, Gesetze schaffen konnte, die über die Gefahren jüdischer Habsucht und jüdischer „Moral" stillschweigend hinweggehen; wo dieselbe Majorität jeden Antrag auf

Prüfung der jüdischen Stammesgesetze höhnend abweist; welche Alles beschließt und fördert, was Israel nützen kann, welche jeden Beamten bis zum Minister hinauf als unfähig entfernt haben will, der es nur einmal wagt, offen zu bekennen, daß er auf dem christlichen Standpunkte stehe! Das Paradies auf Erden ist aber dem Juden eine Republik, wie z. B. Frankreich „von Rothschild's Gnaden", wo das christliche Volk der jüdischen Habgier fast schutzlos ausgeliefert ist, wo die leitenden Juden ihren orientalischen Leidenschaften straflos fröhnen und fabelhafte Vermögensmassen ansammeln können, mit denen sie dann im Einvernehmen mit den Schmarotzern in anderen Staaten endlich selbst die verheißene unumschränkte „Weltherrschaft" zu gewinnen hoffen. Kann es da noch Wunder nehmen, daß in den europäischen Staaten gerade stets Juden es sind, welche bei den anarchistischen, nihilistischen und socialdemokratischen, auf den Sturz des monarchischen Systems und der christlichen Throne gerichteten Bestrebungen, die leitende agitatorische Thätigkeit entwickeln?

Zur Unschädlichmachung der Juden bestehen in der That nur zwei Systeme, deren jedes im Verlaufe der letzten Jahrhunderte bis in die allerneueste Zeit schon oft und auch mit für längere Dauer nachhaltigem Erfolge in Anwendung gebracht worden ist, und zwar entweder die Landesverweisung sämmtlicher Juden gewisser Berufsklassen oder aber deren Stellung unter Ausnahme- oder Fremdengesetze. Der erstere Vorgang wird eben jetzt in Rußland geübt, wo in einem diesbezüglichen Erlasse des Ministeriums des Innern diese Maßregel in nachstehender Weise begründet wurde: „Nicht deshalb treten wir gegen die Juden auf, weil sie keine Christen sind oder weil sie der slavischen Race nicht angehören, sondern deshalb, weil es erwiesen ist, daß die Juden überall und in jedem Staate ein zersetzendes Element sind, welches auf die Gesellschaft einen demoralisirenden Einfluß übt, die Unmoralität befördert und von der Unmoralität lebt".

Was die Stellung der Juden unter Fremdengesetze anbelangt, so wäre solches, abgesehen von der jede andere Rücksicht ausschließenden socialen Nothwendigkeit, auch bezüglich der Form von selbst gerechtfertigt, weil die Juden in den mitteleuropäischen Staaten zwar die „bürgerliche Gleichstellung" mit den übrigen Unterthanen, aber nur in vereinzelten Fällen auch die eigentliche Staatsbürgerschaft selbst erlangt haben, so daß die Begriffe von Heimathsgemeinde für dieselben sich nur auf deren Evidenzhaltung zur Heranziehung zu den staatsbürgerlichen Pflichten und Leistungen, nicht aber auf eine Versorgung oder auf den Genuß sonstiger

Emolumente aus dem betreffenden Gemeindeverbande bezieht. In Oesterreich z. B. müßte jeder Jude behufs Erlangung der Staatsbürgerschaft, nachdem er der competenten politischen Behörde die formelle Zusicherung der Aufnahme in den Verband einer Gemeinde beigebracht hat, den vorgeschriebenen Unterthanen=Eid ablegen. Daß jedoch in solchem Falle die Treue zu dem christlichen, in Oesterreich „apostolischen" Monarchen nur mit einer gewissen reservatio mentalis (Gewissensvorbehalt) zugeschworen wird, ist altbekannt, sowie auch, daß die Juden diesen Zweifel an ihrer Aufrichtigkeit nach ihren Gesetzen abzuleugnen sogar verpflichtet sind und ihn daher auch jederzeit als eine böswillige Verleumdung mit Entrüstung zurückweisen werden.

Die Ausnahme= oder Fremdengesetze aber werden sich, wie dieses durch viele anerkannte Autoritäten, wie Wahrmund, Dühring u. A., mit ausführlichster Begründung nachgewiesen ist, vor Allem auf die Ausschließung der Racejuden (Beschnittenen) vom Grundbesitze und hierauf erwirkbarer Pfandrechte, aus dem Beamten=, insbesondere dem Richterstande, vom öffentlichen Unterrichte der Nichtjuden, von jeglicher Betheiligung an der „Presse" und Journalistik, ferner von gewissen Berufsständen, wie der Advocaten, Aerzte, Pfandleiher, Victualienhändler, Schänker u. A., endlich auf das Verbot des Haltens christlicher Dienstboten und auf die Verhinderung jedes weiteren Zuzuges von Juden aus anderen Ländern richten müssen. Mit diesen Verfügungen müßten auch gewisse socialreformatorische Maßregeln Hand in Hand gehen, welche sich auf die Verstaatlichung des Bank= und Creditwesens, die Reform des Actienwesens, die Einschränkung der Speculation an Geld= und Fruchtbörsen, auf ein Heimstättengesetz zu Gunsten des Bauernstandes, den Ausbau des Genossenschaftswesens in Gewerbe und Handwerk, die Verschärfung der Befähigungsnachweise, sowie die Verbote der Wanderlager und fingirten Ausverkäufe, endlich auf eine gründliche Reform des gesammten Steuerwesens behufs einer gerechten proportionellen Vertheilung der staatlichen Lasten beziehen.

Einen passenderen Abschluß für unsere Betrachtungen könnten wir kaum finden als mit den Aussprüchen zweier bewährter Vorkämpfer des Antisemitismus, deren Einer, der leider zu früh verstorbene Otto Glagau, seiner Ueberzeugung in Folgendem Ausdruck gibt:

„An Stelle des künstlichen Culturkampfes ist inzwischen ein natürlicher Culturkampf heraufgezogen und es steht zu erwarten, daß in diesem Kampfe deutsche Katholiken und deutsche Protestanten brüderlich Seite an

Seite kämpfen werden. — Es handelt sich um die Erhaltung **deutscher Art und deutscher Sitte** gegenüber einem fremden Stamme, der mit seinem Wesen und Treiben alles überwuchert und unsere ganze Cultur bedroht. Es ist der Kampf gegen Schwindel und Corruption, gegen Gründerthum und Gründer=Wirthschaft, gegen die manchesterlichen Afterfreiheiten, gegen gemeingefährliche Börsen= und Juden=Privilegien. Es ist der Kampf gegen Sittenlosigkeit, Unmoral und Materialismus; es handelt sich um die höchsten und heiligsten Güter der Nation" —, während Naudh den Juden selbst es noch anheimstellen will, ihre weitere Duldung in der christlich=arischen Gesellschaft zu ermöglichen, indem er sagt: „Entweder sollen die Juden sich damit begnügen, mit uns gleichberechtigt, aber nur als Privatpersonen und bei gänzlichem Verzicht auf ihre ausbeuterischen Tendenzen unter uns zu leben, oder sie müßten, wenn ihnen dies nicht zusagt, von ihrem Talente zur Ertragung fremder Klimate den ausgiebigsten Gebrauch machen. Den Schmerz der Trennung werden wir überstehen".

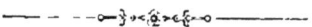

C. F. Winter'sche Buchdruckerei in Darmstadt.